SCENT OF A WOMAN

르누아르

르누아르
여인의
향기 展

"르누아르는 당신을 사랑했을 것이다."

Renoir

BON DAVINCI MUSEUM

2018.05 - 2018.10

PIERRE AUGUSTE RENOIR
CONVERGENCE ART EXHIBITION

본다빈치뮤지엄 서울숲
The Seouliteum (갤러리아포레)

2018.05.12
~10.31

BonDavinci

본다빈치㈜ 서울라이티움 서울문화재단 서울 시안청 유니온투자파트너스㈜ ㈜미디어
㈜인터파크 ㈜하나투어 파나소닉㈜ 이데일리㈜ ㈜서진안스북 ㈜소프트센 ㈜하우스오브릴스

☎ 1661-0553
www.bondavinci.com

GANGWON

CHUNCHEON

SOKCHO

GANGNEUNG

매년 국내의 한 도시를 소개하는 일은 고단하지만 의미 있는 일이다. 우리는 사계절을 오롯
이 느낄 수 있는 곳을 떠올려봤다. 봄에는 꽃, 여름에는 바다, 가을에는 단풍, 겨울에는 눈.
이토록 다채로운 계절을 느낄 수 있는 곳. 그래서인지 많은 사람들이 찾는 강원도. 18개의
시와 군으로 이뤄진 강원도에서 우리는 세 도시를 찾았다. 커피와 수제 맥주, 서점이나 상점,
작가, 산과 바다로 잘 어우러진 아름다움, 누구나 알면서도 조금은 낯선 강원도를 담았다.

편집장 **김이경**

주머니와 스트랩 디테일이 포인트인 백팩
Dawson | 허쉘 | platformshop.co.kr

강원도로 함께 떠난 가방

허쉘Herschel은 언제든 함께 떠나고 싶어지는 실용적이고 기능적인 가방을 만든다. 2009년 제이미와
린든 코맥 형제가 론칭했으며 증조부 때부터 모여 살던 캐나다의 작은 마을 허쉘에서 그 이름을 따왔다.

포토그래피 류하경 모델 이다슬 에디터 김혜린 제품 헌천 허렐.

춘천

CHUNCHEON

식물 화가 한수정 · KT&G 상상마당 춘천

춘천을 여행하는 사람들을 위한 지극히 주관적인 안내서

이시영 시인의 〈춘천〉을 품고 떠났다. 강원도청의 소재지, 누군가에게는 가수 김현철의 노래 '춘천 가는 기
차'로 기억될 곳, 또 다른 누군가에게는 닭갈비와 막국수, 그리고 소설가 김유정, 강변가요제의 도시. ITX
청춘 열차 덕분에 지금 서울과 춘천의 거리는 좀 더 가까워졌다. 용산역에서 기차를 타고 한 시간을 달리
면 춘천역에 도착한다. 춘천은 젊은이들이 무언가를 시작하는 도시이자(청년들이 주축이 되어 육림고개의 거
리 풍경을 바꾸고 있다), 시 속 다정한 사람들의 도시다. 여름의 문턱에서 봄을 품고 있는 춘천春川을 만났다.

정원에서
보내는 시간

식물 화가 **한수정**

한수정은 춘천을 기반으로 활동하는 식물 화가다. 오랜 시간 식물
을 들여다보고 그림을 그린다. 그녀는 춘천을 자신의 정원처럼 누
비며 식물을 관찰하고, 자연을 곁에 두는 더 넓은 방법을 고민한다.

에디터 **김혜원** 포토그래퍼 **안가람**

"자연을 우리의 눈으로 관찰하고 이해하는 과정의 가치를 나누고 싶어요.
진정한 자연과의 관계란 나의 감각기관을 통해 느끼고 이해하고 자각할 때
이루어지는 것이라고 믿고 있거든요."

춘천이 고향은 아니라고 들었어요. 어떻게 춘천에 자리 잡게 된 건가요?
2014년에 춘천에 왔어요. 외국에서 아이 둘을 낳고 생활하던 중 남편이 이곳에 직장을 잡게 되면서 춘천에 오게 됐어요. 대학 때 친구들과 한 번 놀러 온 경험밖에 없었는데, 생각지도 않은 이 춘천이라는 도시가 너무 좋았어요.

어떤 점이 좋았나요?
외국에서 가진 것 없이 돌아온 저희는 너무 가난했어요. 사실 지금도 가난하지만. 저희가 만약 대도시로 갔다면 더 어려웠을 거예요. 정신적으로도요. 그런데 여기는 온 사방이 자연이기 때문에 아이들과 언제나 즐겁게 시간을 보낼 수 있었어요. 제가 특히 자연을 좋아하니까 아이들과 주말이면 무조건 나가서 산에 올라가고 계곡에서 물놀이하고…. 그러니까 돈이 없어도 행복하게 사는 데 아무런 지장이 없는 거예요. 춘천은 저한테 그런 곳이었어요. 가난한 나에게 행복을 주는 곳, 아이들과 곤충을 만나고 식물을 만날 수 있는 곳.

작년에 춘천 도심에서 떨어진 이곳으로 이사했다고요. 불편한 점은 없나요?
춘천은 도심에서 차로 5분, 10분만 멀어져도 시골 풍경이에요. 지금 이곳은 제가 전에 살던 아파트에서 10분 거리인데요. 거기가 도심의 끝이었으니까 10분 거리인 여기는 굉장히 시골이죠(웃음). 배달 음식도 안 되고 장보려면 차를 타고 나가야 하는 불편함은 있어요. 하지만 이곳이 주는 혜택에 비하면 저한테 그런 불편함은 하나도 문제 되지 않아요.

이곳에서의 하루는 어떻게 흘러가나요?
보통 새벽 4시에 일어나요. 요즘 같은 경우에는 그때부터 글 쓰는 작업을 하고, 아이들이 6시 반에서 7시 사이에 깨면 아이들과 아침 준비를 하죠. 아이들을 보내고 9시부터 2시까지 계속 작업을 하다, 아이들이 집에 돌아오면 숙제를 봐주고 피아노도 가르쳐줘요. 학원에 다니지 않거든요. 그리고 그때부터 바깥일을 하려고 해요. 아이들은 밖에서 놀고 저는 일할 수

있으니까요. 텃밭에서 일하고 정원에서 풀도 뽑고요. 그다음 저녁 먹고 씻기고 9시 반에 같이 자요. 이곳으로 이사 온 후로는 늘 그래요. 저는 시골 생활이 잘 맞아요. 원래 일찍 자고 새벽에 일어나는데, 여기는 8시면 깜깜하거든요.

아이들도 춘천을 좋아하나요?
아이들이 무척 행복한 도시예요. 어디서든 마음껏 인라인이나 보드를 탈 수 있어요. 자전거 도로가 잘돼 있어서 자전거도 마음대로 탈 수 있고요. 산도 많고 호수도 있고, 모든 레포츠를 즐길 수 있죠. 저는 춘천이 스위스의 어느 도시 못지않다고 생각해요. 물론 깊이 들어가면 행정적인 부분에 불만이 있지만, 춘천이 가진 기본적인 조건들이 좋아요.

작가님과 춘천의 인연이 남다른 것 같아요. 이곳에 오고 나서 미술과 자연을 엮는 작업을 시작하셨다면서요?
식물을 알고 싶은 갈증을 느낄 때였어요. 춘천에 강원도립화목원이 있다는 것을 알게 됐고, 찾아갔죠. 거기에 모든 나무와 꽃이 있는 거예요. 식물의 봄, 여름, 가을, 겨울을 계속 보고 싶어서 일주일에 두세 번씩 가서 관찰하고 사진으로 기록했어요. 그때만 해도 나무를 잘 몰랐어요. 느티나무가 뭔지도 몰랐죠. 그렇게 일 년을 매일같이 다니다 보니 모든 나무가 자연스럽게 저한테 들어왔어요. 그 후 화목원에 문의했죠. 여기에 있는 식물을 그림으로 그리고 싶은데, 잎이나 꽃을 채취해도 되는지 말이에요. 운 좋게도 2015년부터 화목원과 협력관계를 맺고, 식물을 조금 더 깊이 공부하며 식물을 마음껏 그릴 수 있게 되었어요.

왜 글이나 사진이 아닌 그림이었나요?
미술을 공부했기 때문인 것 같아요. 도예를 전공했는데요. 제가 미술에 회의를 느끼고 그만두었을 때 우연히 식물을 접하게 됐어요. 식물에 호감을 갖게 되면서 자꾸 식물과 미술의 접점을 찾게 되더라고요.

식물을 접했다는 게 어떤 특별한 계기를 말하는 걸까요?

계기가 있었어요. 아버지가 조경 사업을 하셔서 제가 어릴 때부터 농장을 운영하셨어요. 그래도 식물에 관심이 없었는데, 대학을 졸업하고 아버지 일을 돕게 됐어요. 그때 제가 정신적으로 바닥인 상태였어요. 아무것도 하고 싶지 않고 뭘 해야 할지도 몰랐다고 할까요. 그런 상태에서 식물을 봤는데, 식물이 저한테 어떤 충족감을 줬어요. 사람이 만든 예술 작품과는 다른 아름다움과 생명력이 느껴졌어요. 그러면서 식물과 관련된 일을 해야겠다는 생각을 했죠. 사실 식물 세밀화를 그리기까지 방황이 길었어요. 대학원에서 원예학을 공부하기도 했고 실내 정원을 배우기도 했죠.

지금 춘천에서는 어떤 작업을 하고 계시나요?

개인적으로 자연에 가까이 다가가는 활동을 계속하고 있어요. 집을 시골로 옮겨서 생활해보고 정원을 가꾸고 아이들과 곤충을 관찰하기도 해요. 그런 일을 하면서 외부적으로는 제가 본 것들을 사람들과 나누고 있어요. 그림을 그리고 글을 쓰고 스탬프를 만드는 일은 자연을 가까이하는 하나의 방법인 거죠.

저는 식물 세밀화를 그리는 작가라고만 생각했어요.

식물을 그리면서 제 역할에 대해 많이 고민했어요. 내가 그림을 그려서 뭘 하고 싶은지, 사람들한테 뭘 이야기하고 싶은지, 항상 고민이었어요. 저는 사람들이 식물을 바라보고 관찰할 수 있도록 도움을 주고 싶어요. 미술적인 관점에서요. 궁극적으로는 우리가 자연을 더 가까이하는 방법을 찾고, 영역을 넓혀서 나중엔 모든 것이 어우러진 정원을 만들고 싶어요.

그 정원은 어떤 모습일지 궁금해요.

제가 추구하는 정원의 상이 있어요. 사람의 정신적이고 육체적인 노동이 들어간 예술품과 자연 자체, 그러니까 정원의 식물들이 시간성에서 자연스럽게 어우러진 공간이요. 사람이 그 안에서 활동하고 영감받을 수 있는 장소를 만드는 게 꿈이에요. 그러려면 저도 식물을 알아야 하고 미적인 활동을 계속해야 하고 몸을 움직여서 식물을 관리할 수 있어야 하죠. 식물과 관련된 일을 한 지 이제 4년 정도 됐는데요. 지금은 한 발짝 뗀 것밖에 되지 않는 것 같아요.

육체적인 노동이 들어간 예술품이라는 말이 좋아요.

네. 정원은 사람이 인위적으로 만든 거지만 시간이 지나면 스스로 움직이거든요. 어떤 형태를 만들어내고요. 사람의 힘과 자연의 힘이 어우러진 공간이 정원이에요. 그런데 사실 정원이라고 하면 식물만 있는 경우가 많잖아요. 저는 예술과 정원이 결합된 공간을 만들어보고 싶은 거예요.

그러고 보니 아까 주신 명함에 쓰인 문구가 '정원사 by 한수정'이었어요.

다시 태어나면 정원사가 되고 싶어요. 흙에 식물을 심고 키우는 과정을 너무 사랑해요. 그런 활동을 하는 것도요. 지금의 작업들은 제가 원하는 정원을 만들기 위한 과정인지도 모르겠어요.

들어올 때 본 정원이 참 예뻤는데요. 이 집의 정원은 작가님이 직접 꾸민 건가요?
제 정원은 아니에요(웃음). 전세니까 일시적인 정원이죠. 이사 온 지 얼마 안 돼서 조금 더 시간이 필요한 것도 있고요. 제 땅을 가질 수 있을 때까지 정원일을 배우기에 좋은 것 같아요.

우리나라에서 나의 정원을 갖기란 쉽지 않은 일 같아요.
네, 맞아요. 그런데 땅이 있어도 식물에 관심 없는 사람이 많아요. 정원을 가꾸는 문화가 아니다 보니까 그냥 공공장소에서 꽃을 보고 즐기고, 돌아서면 금방 잊어버려요. 여기에 땅이 이만큼 있는데 뭘 심으면 내가 행복할까, 어떤 꽃을 피우면 좋을까, 덩굴이 좋을까, 이런 고민 자체가 없어요. 전원주택에 살더라도 텃밭에 심는 약간의 먹을 거리, 이런 실리적인 것 외에 땅을 어떻게 해야 할지 몰라요. 정원을, 식물을 가꾸는 걸 그냥 일거리로 생각하고요. 식물과 함께하면서 식물이 나에게 주는 기쁨을 느끼기 위해서는 식물을 알아야 하고 내 몸을 움직이고 땀을 흘려야 하거든요. 너무 편의만 추구하다 보니까 이렇게 땀 흘리며 노동하는 기쁨, 식물이나 자연이 주는 기쁨과 분리가 심해지는 것 같아요.

우리 나무 100종의 잎 모양으로 만든 스탬프는 어떻게 작업하게 된 건가요?
시작은 63종의 나뭇잎 스탬프였어요. 나뭇잎을 어떻게 표현할지 고민하다가 우연히 지우개를 깎아서 스탬프로 만드는 걸 봤어요. 나뭇잎마다 모양이 다르니 그걸 스케치해서 스탬프로 만들면 되겠다 싶었죠. 화목원에 있는 나무 중 63종을 임의로 골랐어요. 조금 즉흥적인 발상이었는데 이걸

로 뭘 할까 하다가 스탬프를 찍어 포스터를 만들었죠. 그런데 사람들이 스탬프 자체에 관심이 많더라고요. 그러면서 스탬프의 쓰임에 대해 생각하게 됐어요. 의외로 많은 분이 나뭇잎이 어떻게 생겼는지 잘 몰라요. 아이들과 스탬프를 찍어보는 수업을 할 기회가 있었는데, 아이들이 나뭇잎 모양을 금세 인식하는 거예요. 교육적으로도 괜찮겠구나 싶어서 우리나라 나무 100종을 하나의 묶음으로 만들게 됐어요.

손이 많이 가는 작업이었을 것 같아요.
춘천시문화재단의 지원을 받아 작업했는데요. 지원받을 때 판매에 대한 우려가 컸어요. 너무 다품종이라서요. 그런데 저는 판매도 중요하지만, 우리나라 나뭇잎을 사람들에게 보여주고 함께 나누는 시간 자체가 중요하다고 생각했어요. 딱 10세트 만들어서 하나는 국립수목원에 기증했고, 다른 식물원이나 단체에서도 구입해서 쓰고 계시고, 하나는 제가 갖고 있어요. 지금은 여유가 없지만 제게 시간적 여유가 있다면 아이들과 학교에 있는 나무를 관찰하는 활동을 더 하고 싶어요.

당연히 다를 거라 생각했지만 실제로 나뭇잎 모양이 다른 걸 보니 더 신기하더라고요.
다르죠. 우리는 단풍나무라고 하면 하나만 떠올리죠. 그런데 단풍나무도 종류가 다양해요. 잎이 깊게 갈라진 것, 덜 갈라진 것, 갈라진 정도가 다르고 갈라진 개수에 따라서 종류가 나뉘기도 해요. 이 스탬프는 첫 단추 같은 거예요. 스탬프를 찍어보니 이게 느티나무래, 그렇게 느티나무를 한 번 발견하게 되면 어디서든 느티나무를 찾게 되거든요.

혹시 특별히 좋아하는 나무가 있나요?

어떤 나무라기보다는, 제가 제일 좋아하는 시기가 있어요. 열매가 익어가는 때를 좋아해요. 예를 들면 벚나무 같은 경우 대부분 벚꽃을 좋아하지만 저는 벚나무의 열매가 익는 걸 보는 게 좋아요. 작은 열매 안의 색이 오묘하게 바뀔 때가 있어요. 주황이 됐다가 빨강이 됐다가 검정이 돼요. 지금 나가면 볼 수 있어요. 너무 사랑스럽고 예뻐서 정말 보석 같아요.

식물 그림, 나뭇잎 스탬프, 여러 수업, 이런 작업의 중심이 되는 활동은 뭘까요?

저의 화두는 '관찰'이에요. 자연을 우리의 눈으로 관찰하고 이해하는 과정의 가치를 나누고 싶어요. 진정한 자연과의 관계란 나의 감각기관을 통해 느끼고 이해하고 자각할 때 이루어지는 것이라고 믿고 있거든요.

식물을 관찰하는 작가님만의 방법이 있는지 궁금해요.

단순해요. 길을 걷다 멈추세요. 그리고 10초간 쳐다보세요. 왜냐하면 그런 행동 자체가 잘 안 돼요. 식물이 있어도 보지 않고, 지나가다 봐도 뭔지 모르죠. 자연과 관계가 맺어지지 않고 계속 멀어져 있는 거예요. 사실, 식물을 관찰하는 방법을 소개하는 책을 준비하고 있어요. 도시의 나무들 위주로 그 관계를 좁히는, 구체적으로 식물을 보고 즐기는 방법을 담은 책이요.

식물을 관찰하며 새롭게 배우거나 느낀 게 있나요?

그건 저도 느끼고, 제가 식물 그림 수업을 하며 만나는 분들과 대화하면서도 느껴요. 그림을 그리면서 식물을 보는 눈이 달라져요. 식물을 표현하려면 관찰하고 구조를 이해해야 하는데, 그런 과정을 통해 식물이 새롭게 보이는 거예요. 전에는 보이지 않던 작은 털들, 수술과 암술들, 그 안의 결들, 가지가 떨어져 나간 자리에 남은 상처 같은 것들이 보이죠. 그림을 그리기 위해 한 시간, 두 시간 하나의 꽃을 들여다본다는 건 아주 특별한 경험이에요. 누구나 그림을 그릴 필요는 없지만, 그림을 목적으로 한 그림이 아니라 식물을 조금 더 자세히 알기 위해서, 식물을 들여다보고 그림을 그리는 게 도움이 될 거예요.

식물을 그리는 게 무언가를 관찰하는 힘을 기르는 방법이 될 수도 있을 것 같아요. 사회 현상을 볼 때도 주변에 휩쓸리지 않고 조금 더 진득하게 생각하고 스스로 판단하는 힘을 기르는 방법이 될 수 있지 않을까요?

맞아요. 저는 직업이 두 개라고 하면, 하나는 미술과 자연을 엮는 것이고 다른 하나는 육아인데요. 두 아이를 보면서 많이 느껴요. 아이들에게 관찰이 무엇인지 말이에요. 아들이 곤충을 무척 좋아해요. 곤충을 관찰하면서 "쟤는 지금 배고파서 먹는 거고, 나무가 집이야." 하고 말해요. 생명에 대한 사려, 생명에 대한 기본적인 마음가짐이 길러지는 것 같아요. 관찰하고 자연을 알고 생명에 대해서 느끼고 우리와 자연의 관계를 생각해요. 사고가 계속 확장해나가기 때문에, 어떻게 보면 식물에 국한한 작업이 아니라 삶에 대한 얘기 같아요.

삶의 태도를 배우는 일이기도 하네요.

인간인 나는 어떻게 살아야 할까? 개미 한 마리 손으로 눌러 죽일 수 있는 그런 힘을 가진 인간인데, 우리는 자연을 어떻게 대할 것이고 이 관계를 어떻게 맺을 것인가. 그리고 사람들은 나무가 늘 같은 모습이라고 생각하죠. 예를 들어 소나무는 한결같다고 하잖아요. 아니에요. 오늘 이 모습은 오늘밖에 없어요. 그게 제 삶에도 똑같이 적용돼요. 오늘이 전부예요. 아이들과 보내는 오늘의 모습은 오늘 하루뿐이고, 오늘이 지나면 다시 볼 수 없구나. 하루하루, 매 순간이 소중해요.

춘천이라는 도시가 작가님께 어떤 영감을 주나요?

이곳을 배경으로 살아가는 사람들의 마음과 제 마음이 통하는 것을 느껴요. 사실, 다른 도시에 가면 또 어떨지 모르겠어요(웃음). 하지만 제가 어떤 얘기를 했을 때 공감해주는 사람이 많아요. 예를 들어 다른 지역에서 왔지만 춘천을 좋아해서 이곳에 살고 있는 사람이 제 주변에 많아요. 그들과 자연에 관해 얘기하다 보면, 기본적으로 자연이 주는 혜택과 자연이 아이들에게 미치는 영향, 자연의 소중함을 느끼는 사람이 많거든요. 그런 공감대가 좋아요.

작업을 발전시키고 교류하기에는 서울 같은 도시가 좋을 것 같다는 생각도 드는데요.

지역에서 활동하는 게 저와 잘 맞아요. 소박하지만 의미 있는 일들을 차곡차곡 쌓을 수 있어요. 제 그림을 갖고 어린이 도서관 관장님과 만날 수 있고, 그렇게 해서 아이들과 함께하는 시간, 전시하는 기회를 얻을 수 있었고요. 수업에서 만난 아이들은 알음알음하면 누구의 아이이고, 또 제 아이가 될 수도 있어요. 그런 소박함이 주는 소중함도 있어요. 또 옛날과 달리 지역에 있어도 내가 하고자 하는 일들을 알릴 방법도 많은 것 같아요.

마지막으로 춘천을 찾는 사람들을 위해 작가님이 좋아하는 장소를 추천해주세요.

의암호를 좋아해요. 가만히 앉아만 있어도 행복한 곳이에요. 그리고 강원도립화목원이요. 화목원은 저한테 선생님 같은 곳이기도 하고 옛날 친구들 같은 곳이기도 해요. 가면 어느 자리에 어떤 나무가 있는지 다 알아요. 그리고 그 나무들이 조금씩 변한 것도 보이죠. 제 정원처럼 좋아하는 곳이에요.

정원사 **by** 한수정
H. jungwonsa.com

마음이 고이는 공간

KT&G 상상마당 춘천

여행은 여러 번 낯선 마음을 가늠하는 일이다. 여기에 꽃을 두는 건 어떤 마음일
까, 여기에 커다란 창문을 낸 건 어떤 마음일까 하는 것들. 그러다 아주 작은 배
려, 다정함이라도 발견하면 별다른 이유 없이 그곳이 더 좋아진다. KT&G 상상
마당 춘천은 문화와 예술, 여유, 그리고 여러 사람의 다정함이 더해진 공간이다.

에디터 김혜원 포토그래퍼 안가람

그곳에
가면

여행을 떠나기 전 카페와 미술관을 지도에 표시한다. 그게 내가 하는 유일한 여행 준비다. 그렇기에 춘천으로 떠나며 카페와 미술관을 찾았다. 춘천 의암
호 옆에 근사한 붉은 벽돌 건물이 있고, 그게 KT&G 상상마당 춘천이라고 했다. KT&G 상상마당 홍대를 자주 찾았다. 영화를 보거나 전시를 보거나 아카
데미에서 진행하는 강의도 여럿 들었다. 춘천에도 KT&G 상상마당이 있다는 이야기는 꽤 오래전부터 익히 들어 알고 있었다. 그러나 뚜벅이의 게으름은
먼 곳을 바라보지 않아 서울을 벗어날 일이 거의 없었기에 이름만 아는 먼 사촌 같았다. 그러니까 KT&G 상상마당 춘천의 건물을 보고 내뱉은 어떤 감상
과 그곳에서 느낄 어떤 마음 같은 건, 직접 보기 전까지 생각할 수 없었다. 마침 그곳에 카페와 갤러리가 있었다.

아이들을 위한 마당에서
더 넓은 상상을 위해

KT&G 상상마당 춘천의 바탕이 된 공간은 1980년에 강원도어린이회관으로 개관한 뒤 춘천시어린이회관으로 사용되던 장소다. 붉은 벽돌에서 알 수 있듯 건축가 김수근이 설계한 건물이다. 춘천 사람들은 모두 한 번쯤 춘천시어린이회관으로 소풍을 왔다고 한다. 겹겹이 쌓아 올린 벽돌처럼, 몇 겹의 추억이 이곳에 쌓였을까. 다행스러운 것은 상상 속 모습과 지금의 모습이 크게 다르지 않을 거라는 사실이다. KT&G 상상마당은 장소가 가진 고유한 특성, 역사성을 최대한 유지한 채 콘텐츠를 더하는 방법을 통해 유의미한 공간을 만들어냈다. 원형 그대로 시민들에게 돌려준다는 다정한 마음으로 건축가 김수근이 설계한 외관을 변형하지 않았다. 구하기 힘든 붉은 벽돌은 건축물 자재에서 파손된 벽돌을 사용하는 것으로 대신 했고, 벽돌을 들어내고 냉난방 공사를 한 뒤 다시 벽돌을 쌓아야 하는 어려움도 있었지만 말이다. 그러니까 어린이와 춘천 시민이 머물던 춘천시어린이회관의 의미와 추억을 간직하고 여전히 머물면 좋겠다는 바람, 그리고 KT&G 상상마당의 문화예술적 활동을 더한 것이다.

붉은 벽돌과
하얀 벽

어린이를 위해 설계된 공간이기 때문인지 요소마다 숨은 작은 공간과 1~2층을 이동하는 다양한 방식의 동선에 마치 숨바꼭질하는 기분이 든다. 그렇게 미로 같은 건물을 오가다 보면 붉은 벽돌을 그대로 드러낸 갤러리가 나온다. 이곳은 춘천시 최초 사립미술관으로 등록된 갤러리다. KT&G 상상마당 갤러리에서 열리는 전시는 국내외 예술작가 발굴 및 신진 작가들의 창작 지원을 목적으로 진행된다. 어린이, 청소년, 성인 등 모든 계층이 문화예술에 쉽게 접근할 수 있도록 예술의 흐름을 조명하고, 문화예술의 전문성 및 대중성을 확립할 수 있도록 전시 프로그램을 구성한다. 그중 국내에 그 가치가 잘 알려지지 않은 20세기 해외 작가들을 소개하는 '20세기 거장 시리즈' 전시는 KT&G 상상마당 홍대에서 시작해 다음으로 춘천에 안착한다. 비슷한 구성, 같은 작품이지만 느낌은 다르다. 하얀 벽과 붉은 벽돌 위에 걸린 그림이 더욱 선명하게 눈에 들어온다. 갤러리의 아트숍 옆에는 작은 책장이 있다. 그림, 사진 등 예술과 관련된 책이 꽂혀 있다. 붉은 벽돌에 기대앉아 오래 책을 읽었다. 벽에 난 긴 창과 천장을 통해 쏟아지는 빛에 경건한 마음이 든다. 이 모든 것이 의미 있는 순간이자 관람의 일부가 된다는 게 특별하다.

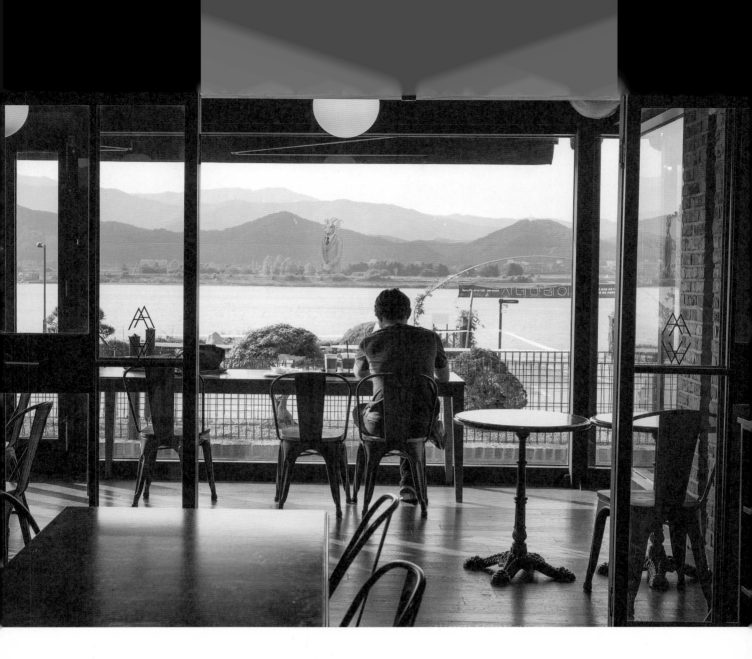

호숫가에 앉아
바라보는 풍경

빼어난 자연경관은 KT&G 상상마당 춘천의 가장 큰 장점이다. 의암호를 마주한 이곳은 여유를 즐기기에 충분하다. 1년 내내 계절의 변화를 보기에도 적
당하다. 호수가 만들어내는 풍경은 바다가 만든 풍경보다 고요하다. 마음이 차분해진다. 이럴 땐 많은 것이 필요 없다. 적당한 햇살과 적당한 바람만 있으
면 된다. 의암호 옆 잔디 광장도 좋고 카페와 갤러리를 연결하는 야외 테라스도 좋고 야외 공연장의 계단에 앉아도 좋다. 호수 너머 낮은 산맥이 겹겹이 쌓
인 모습이 눈에 들어온다. 초여름의 해는 7시가 넘어야 저문다. 노을이 질 때가 KT&G 상상마당 춘천이 가장 아름다워지는 시간이다. 호숫가에 앉아 붉게
물든 하늘을 바라보면 세상에 급할 것은 하나도 없는, 그런 편안함이 느껴진다. 이곳에 풍경이 고이고, 소리가 고이고, 마음이 고인다.

KT&G 상상마당 춘천을
더욱 잘 즐기기 위한 리스트

01 스테이에서 하룻밤을 보낸다
KT&G 상상마당 춘천은 '아트센터'와 '스테이'로 구분된다. 이곳에 좀더 오래 머물며 영감을 얻길 바란다면 강원도체육회관을 리모델링한 호텔 스테이에서 묵는다. 아침 일찍 일어나 물안개에 둘러싸인 의암호를 산책하며 영감이 솟는 기분을 만끽한다. 그 후 먹는 조식은 더 꿀맛이다.

02 카페 댄싱카페인에서 브루스케타를 먹는다
상상을 하다 보면 허기가 진다. 아트센터에 위치한 카페 '댄싱카페인'에 쁘띠빵Petit-pain이라는 이름의 브루스케타가 있다. 크림치즈 스프레드를 바른 빵 위에 다섯 종류의 토핑이 올라간다. 브루스케타는 이탈리아의 대표적인 전채요리로 가벼운 허기를 달랠 수 있다.

03 영화를 본다
매주 수요일마다 테마에 맞는 영화를 선정해 무료로 상영하는 '수요일 사이좋은 극장'이 열린다. 우주를 배경으로 한 SF영화 특집도 있었고 동계스포츠가 테마인 적도 있었다. 모두 들으면 알 만한 영화다. 5월과 8월에는 해질녘 야외에서 영화를 상영하는 '시네마 레이크'도 있다. 단점이라면 풍경에 눈을 둬야 할지, 스크린에 눈을 둬야 할지 모르겠다는 것 정도.

04 상상실현 페스티벌에 참여한다
10월 복합문화예술 페스티벌 '상상실현 페스티벌'이 KT&G 상상마당 춘천의 전 공간에서 펼쳐진다. 음악 공연도 즐기고 전시도 보고 이벤트 참여도 할 수 있다. 2017년에는 약 3000명의 관람객이 즐겼다.

05 수시로 홈페이지를 확인한다
3월부터 12월까지 매월 마지막 토요일에 이곳에서 플리마켓 '호반장'이 열린다. 매년 어린이날에는 춘천어린이회관이었던 공간의 취지를 살려 행사가 열린다. 매주 토요일에는 실력은 있지만 인지도가 부족한 뮤지션을 소개하는 작은 공연 무대 '상상 스테이'가 열린다. 내부와 야외 공간을 활용한 다양한 행사가 열리고 또 열린다. 하나라도 놓치고 싶지 않다면 홈페이지를 확인하는 게 답이다.

06 닭갈비 말고 로스트 치킨을 먹는다
춘천 하면 닭갈비를 떠올리겠지만, 춘천에는 닭갈비만 있는 것은 아니다. 스테이에 위치한 레스토랑 '세인트콕스'에는 생닭을 로즈마리, 타임, 럼주로 염지해 이틀 동안 숙성시켜 오븐에 조리한 로스트 치킨이 있다. 시간과 장소를 불문하고 치맥은 진리다.

건축가 김수근은 호수 앞에 내려앉은 한 마리 나비를 형상화해 이 건물을 만들었다고 한다. 호수와 나비, 조용히 읊조리기만 해도 따뜻해지는 기분이 든다. 나는 KT&G 상상마당 춘천에서 완전한 하루를 보냈다. 아트센터에서의 낮과 저녁, 스테이에서의 밤. 그러면서 하늘과 산과 호수가 같은 색을 띠는 것과 저녁놀이 질 때 이들이 서로를 어떻게 물들이는지 알게 됐다. 아직 햇빛이 남아있는 시간에 뛰노는 아이들이 얼마나 사랑스러운지도. 기쁨으로 풍요로워지는 시간이었다. 평온은 이렇게 불시에 찾아온다. KT&G 상상마당 춘천에서 할 수 있는 것들에 대해 많이 이야기했지만, 내가 다시 이곳에서 하고 싶은 것은 아름다운 붉은 벽돌 건물에 앉아 이토록 사랑스러운 풍경을 오래 바라보는 것이다.

KT&G 상상마당 춘천
A. 강원도 춘천시 스포츠타운길399번길·25 어린이회관
H. facebook.com/ssmadang.cc
T. 033 818 3200

춘천을 여행하는
사람들을 위한 지극히
주관적인 안내서

에디터·포토그래퍼 **김혜원**

휴양지를 연상케 하는 캔버스 원단의 토트백
Mica | 허쉘 | platformshop.co.kr

낭만은 카누
중도 물레길 카누 체험

A. 강원도 춘천시 스포츠타운길223번길 95
H. ccmullegil.co.kr
T. 033 243 7177
O. 매일 08:00~19:00

멜버른에서 보트를 탄 적이 있다. 두 명이 노를 저어 앞으로 나가는 보트를 네 명이 탔다. 물과 친하지 않아 타기 전까지 망설였는데, 타고 난 후 기분이 꽤 좋았다. 다들 춘천에 가면 레일바이크를 타라고 했지만 다시 보트가 타고 싶었다. 춘천 의암호에서 나무로 만든 카누를 탈 수 있다. 구명조끼를 입고 몇 개의 동작을 익히고 카누에 올랐다. 얇고 긴 카누는 혼자 젓는 노질에도 앞으로 잘 나갔다. (사실 중간에 몇 번 멈추고 싶었는데, 의암호 가운데에 있는 섬 중도까지 가서 쉬는 게 코스라고 앞서 나가던 강사님이 말했다.) 춘천에서는 소리가 진해지는 경험을 여러 번 했다. 그중 제일 강렬하던 순간은 카누에 앉아 상중도를 마주했을 때. 상중도는 사람의 발길이 닿지 않아서인지 나무나 덩굴이 제멋대로 자랐는데, 엉킨 가지와 줄기 사이로 여러 종의 새소리가 섞여 나왔다. 물풀과 나무와 덩굴을 보며 그 소리를 듣는 게 좋았다. 카누를 타고 호수를 건너지 않았으면 듣고 보지 못했을 풍경. 무척 낭만적이었다.

TIP. 혼자 타도 괜찮다. 다만 호수 위 햇볕이 강하니 모자는 필수고 시간대는 오전이나 늦은 오후를 추천한다.

발걸음을 멈추게 하는
책방마실

사실 '책방마실'에 갈 계획은 없었다. 그러니까 지금 이렇게 글을 쓰고 있는 이유는 우연히 들른 이곳이 무척 마음에 들었기 때문이다. 손님으로 방문해 구매한 책 두 권을 손에 들고 부랴부랴 취재를 요청했다. 책방마실은 2016년 12월에 문을 연 춘천 최초의 독립서점으로, 인디밴드 '모던다락방'의 리더인 남편과 전직 사서였던 부인이 운영한다. 각각의 재능을 살려 도서 입고는 여사장이, 공연과 행사 같은 문화 기획은 남사장이 담당한다. 딱히 장르를 제한하고 있지는 않지만 이곳에서 볼 수 있는 책은 문학과 예술 위주. 서점 규모는 작지만 궁금한 책, 알고 있었지만 새롭게 보이는 책이 많다. 가장 오랜 시간을 보낸 곳은 서점 안쪽 필사를 위한 공간이다. 책 한 권과 노트가 있는 이곳에서 손님들의 필사가 이어진다. 마침 펼쳐져 있는 필사 페이지의 한 문장이 이곳을 설명하는 마지막 문장으로 적당한 듯해 옮겨 적는다. "밤거리에 나오면 뭔가가 좀 풍부해지는 느낌이 들지 않습니까?(김승옥, 〈서울 1964년 겨울〉 268페이지)" 아, 밤거리를 책방마실로 바꿔 읽어야 한다.

TIP. 홍차를 베이스로 한 아이스티와 카페를 운영하는 친구에게 납품받은 최상급 원두로 내린 커피, 두 개의 음료 메뉴가 있다. 서점이지만 그 맛은 제대로다.

A. 강원도 춘천시 서부대성로 67
H. instagram.com/masilbooks
O. 월~수 12:00~22:00, 금~토 12:00~18:00

CAFE

분위기 좋은 카페
포지티브즈

A. 강원도 춘천시 서부대성로 205번길 10
H. instagram.com/positives_chuncheon
T. 010 4027 0164
O. 월, 수~토 11:30~21:00, 일 11:30~18:30

한적한 주택가, 청록색으로 칠해진 대문을 열면 작은 마당이 보인다. 마당에는 커다란 테이블 하나와 호두나무 한 그루가 있다. 푸른 잎사귀가 마당의 하늘을 다 가리는데, 그 사이사이로 햇살이 그물처럼 쏟아진다. 마당에 앉아 그 빛을 바라보며 누군가에게 "춘천에 정말 분위기 좋은 카페가 있어."라고 말하고 싶어졌다. 포지티브즈는 분위기 좋은 카페다. 서까래를 드러낸 천장, 곳곳에 걸린 하얀 천, 빈티지한 나무 의자와 테이블, 조도가 낮은 조명. 오래된 가정집을 개조한 카페가 처음도 아닌데, 그런데도 이 익숙한 것들이 뻔하게 느껴지지 않는다. 이곳에서는 커피보다 계절마다 바뀌는 색깔이 예쁜 과일주스가 잘 어울린다. 한여름엔 복숭아와 자두를 섞은 상큼한 '복자주스'를 추천한다. 바질페스토를 바른 빵에 반숙 달걀과 햄과 치즈를 올린 샌드위치는 맛 좋고 든든한 한 끼 식사다. 카페에서 시간 보내길 좋아하는 허기진 여행자에게 좋다.

TIP. 카페 영업이 끝난 9시부터 다음 날 오전 11시까지는 숙소로 운영된다.

진짜 오래된 경양식집
함지레스토랑

A. 강원도 춘천시 중앙로 101, 2층
T. 033 254 5221
O. 월~토 11:30~21:00

나는 언제나 이런 곳에 와보길 기대했다. 진짜 오래된 경양식집. 애써 찾은 'st'의 소품이 아니라 소품도, 가구도, 사람도, 모두 꾸밈없이 그대로 오래된 곳. '함지레스토랑'은 1980년부터 영업을 해온 경양식 레스토랑이다. 인터넷에 이곳을 검색하면 '초등학교 때부터 단골'이라는 설명이 빠지지 않는다. 메뉴도 80년대에 머물러 있다. 스테이크나 함박스테이크, 돈가스 같은 요리를 시키면 수프와 샐러드, 빵과 밥, 후식이 코스 요리처럼 나온다. 경양식집에서는 빵과 밥 중 하나를 선택하는 게 추억의 맛이라고 하던데 빵과 밥, 둘 다 나오는 건 왜인지 모를 일이다(감사히 먹을 뿐). 함지레스토랑은 모든 게 적당하다. 분위기와 맛, 서비스까지. 물잔이 빌 때마다 조용히 다가와 잔을 채워주던, 하얀 셔츠에 검정 팬츠를 입고 앞치마를 두른, 신사 같은 서버 아저씨들도 무척 인상적이다.

TIP. 홀에서 조금 더 들어가면 비밀기지처럼 단체석이 나온다. 이곳에서 추억 모임을 가져보자.

나무를 보는 시간
강원도립화목원

A. 강원도 춘천시 화목원길 24 강원도산림과학연구원
H. gwpa.kr
T. 033 248 6685
O. 매일 10:00~18:00, 매월 첫째 주 월요일 휴관

도심에서 조금 떨어진 '강원도립화목원'은 마침 옥스아이데이지가 예쁘게 피어 있었다. 강원도립화목원은 강원도에서 운영하는 공립수목원으로, 1996년 조성을 시작하여 1999년에 완공됐다. 반비식물원, 암석원, 토피어리원 등 30개 주제원으로 구성되어 있다. 화목원은 걷다 멈추길 반복하는 사람에게 좋은 장소다. 오래 걸어도 지겹지 않은 풍경이 있고 언제든 앉아 쉴 수 있는 벤치도 곳곳에 있기 때문이다. 나는 여행지에서 꼭 공원이나 식물원(혹은 수목원)을 찾는다. 두 가지 이유가 있는데 하나는 위와 같은 이유고, 다른 하나는 나무 보는 걸 좋아하기 때문이다. '아왜나무', '꽝꽝나무' 같은 이름을 보며 혼자 웃기도 하고 같은 종의 나무라도 모양이 다른 것을 보며 '다 다르구나, 그래도 다 예쁘구나.' 같은 당연한 생각도 한다. 아무튼 큰 힘을 들이지 않고도 일상을 벗어난 기분을 느끼게 하는 장소임엔 분명하다.

TIP. 주류나 배달음식은 반입이 안 되지만 도시락은 가져갈 수 있다. 빛이 잘 드는 반비쉼터에서 도시락을 먹으며 여유를 즐기자.

단편영화의 즐거움
일시정지시네마

외관만 보면 어린 시절 즐겨 찾던 비디오방이 떠오를지도 모르겠다. '일시정지시네마'는 독립 예술 영화를 소개하는 작은 상영관이자 영화를 매개로 여러 프로그램을 진행하는(지난해 《모먼츠 필름》이라는 이름의 단편영화 리뷰 매거진도 창간했다.) 영상문화공간이다. 〈더 랍스터〉가 개봉할 당시 춘천에서 이 영화를 볼 수 없음에 아쉬움을 느낀 유재균 대표가 직접 상영관을 만든 것이다. 단편영화 상영관으로 출발해 현재는 여러 매체에서 홍보되고 있지만 지역에서는 쉽게 볼 수 없는 독립 예술 영화를 상영한다. 지하의 상영관은 작고 아늑하다. 총 18개 좌석으로, 의자가 여섯 개씩 세 줄로 놓여있다. 각각의 줄마다 의자의 종류가 다른데, 가장 좋은 자리는 넓고 푹신한 소파가 놓인 가운뎃줄. 중앙에 홀로 앉아있으면 나만의 영화관에 온 것 같은 특별한 기분을 느낄 수 있다. 유재균 대표는 일시정지시네마를 운영하는 것 자체가 지역에 이런 공간이 필요하고 원하는 사람이 있다는 것을 보여주는 일이라고 말한다. 사람들에게 선택할 수 있는 선택지를 하나 더 주는 것, 일시정지시네마는 그런 곳이다.

A. 강원도 춘천시 춘천로146번길 6
H. pausecinema.kr
T. 033 911 3157
O. 화~토 13:00~19:00

TIP. 장편영화의 경우 상영 시간표가 있지만 단편영화를 상영할 때는 상영 시간표가 따로 없다. 당신이 이곳에 오면 오면 그때가 상영 시간이 된다.

꿈이 모이는 곳
굿라이프

A. 강원도 춘천시 미려골길25번길 12
H. instagram.com/goodlifebooks
T. 033 243 8086
O. 매일 12:00~22:00

'굿라이프'는 북카페이자 복합문화공간이다. 스스로 '방장'이라 부르는 세 사람이 운영한다. 수원에서 독립출판서점 '노르웨이의 숲'을 운영하던 윤종혁 대표를 주축으로 숲해설가 오은자 씨, 상담가 오은경 씨가 모였다. 이들은 굿라이프의 두 번째 주인장으로 책을 중심으로 편하게 와서 즐기는 공간에서 문화공간으로 영역을 확장했다. 독서모임은 물론 자신을 탐색하는 프로그램, 전시 등을 진행한다. 시원한 커피를 마시며 세 명의 방장과 굿라이프가 꿈꾸는 것에 대해 오래 이야기를 나눴다. 의도한 것은 아니지만 이야기는 자연스럽게 그리로 흘러갔다. 꿈에 관한 이야기를 나눌 때가 있다. 멀게는 처음 만난 인터뷰이와 가깝게는 바로 옆자리에 앉은 직장 동료와 서로의 꿈을 나눈다. 꿈이라는 게 너무 막연해 공허해지기도 하고 사는 데 꼭 꿈이 있어야 하나 싶은 냉소적인 생각이 들 때도 있지만, 어쨌든 가슴에 품은 크고 작은 나만의 비밀을 나누는 건 꽤 행복한 일이다. 앞으로 굿라이프를 찾는 사람들 또한 이곳에서 세 명의 방장과 자연스럽게 자신의 비밀을 나누는 행복한 순간을 만날 수 있을 것이다. 나무 테이블에 앉아 혼자 꿈을 꾸기에도 좋다.

TIP. '작가님 자리'라는 이름의, 작가들이 자신의 작품을 전시할 수 있는 작은 팝업 공간이 있다.

춘천 사람이 추천하는
장소들

01 사또설렁탕

A. 강원도 춘천시 춘천로170번길 22
T. 033 254 6262

"팔호광장 근처에 있는 설렁탕집이에요. 강된장 비빔밥, 설렁탕, 북엇국, 이렇게 세 가지 메뉴만 있는데 아침 6시에 열어서 오후 3시에 닫아요. 술은 절대 안 팔고요. 해장하러 가는 곳이에요."

– 포지티브즈 김성준

02 구곡폭포

A. 강원도 춘천시 남산면 강촌구곡길 254
T. 033 250 3569

"구곡폭포 가는 길이 관리가 잘 되어 있어요. 큰 나무 사이로, 아이들과 그 길을 걷는 걸 좋아해요."

– 식물 화가 한수정

03 나무향기

A. 강원도 춘천시 스포츠타운길433번길 10
T. 033 241 9877

"공지천에 위치한 '나무향기'라는 한증막이요. 조금 색다르고 조용한 여행을 원한다면 이곳이 제격 같아요. 연못이 있는 정원이 고즈넉한 분위기를 자아내요. 단, 인원 제한이 있고 성인만 입장 가능해요."

– 책방마실 정병걸

04 썸원스페이지

A. 강원도 춘천시 중앙로27번길 9-1
T. 010 4254 5401

"게스트하우스인데요. 사장님이 굉장히 좋아요. 누구보다 춘천을 사랑하시는 분이고요. 라운지가 있지만 술 먹고 떠드는 분위기는 아니고, 조용히 쉴 수 있는, 배려가 넘치는 곳이에요."

– 일시정지시네마 유재균

05 할매삼계탕

A. 강원도 춘천시 방송길36번길 50
T. 033 242 9650

"이미 인기가 많은 집이에요. 견과류를 갈아 넣어서 국물이 진하고 고소해요. 조금 더 건강해지는 느낌도 들고요. 그리고 깍두기 대신 총각김치가 나와요."

– 일시정지시네마 유재균

06 다인

A. 강원도 춘천시 후석로393번길 40
T. 033 251 2935

"겨울에 알밤라떼 먹으러 정말 자주 가요." (덧붙여 알밤라떼는 9월부터 4월까지만 나오는 계절 음료다. 한때 춘천이 직장이던 내 친구는 이곳을 자신의 인생 과일주스 가게라 말하며 인삼우유쉐이크를 추천했다.)

– 포지티브즈 김성준

07 구봉산 전망대

A. 강원도 춘천시 동면 장학리
T. 033 250 4312(춘천관광안내소)

"굿라이프를 운영하는 저희 셋이 처음 모인 날 10시간의 대화를 하고 노을 질 무렵 구봉산 전망대에 갔어요. 겹겹이 이어진 산자락 뒤로 붉은빛이 도는데 너무 예쁜 거예요. 오랜만에 넓은 하늘을 마주한 기분이었어요."

– 굿라이프 오은자

08 효자동프로젝트

A. 강원도 춘천시 돌담길8번길 9
T. 010 7765 8035

"사장님이 글을 쓰기 위해서 춘천으로 오셨대요. 그래서인지 작가 이름으로 된 커피 메뉴가 있어요. 그런 게 재미있어요. 공간도 너무 예쁘고요."

– 일시정지시네마 유재균

09 골목들

A. 강원도 춘천시 미려골길

"춘천의 골목은 다 좋아요. 그중 하나를 정하라고 하면, 여기 책방 주변 골목이요. 저 어릴 때 살던 골목과 다를 게 없어요. 흔히 지나치는 골목이지만 거기에 의미를 두는 순간 새로운 골목이 되죠."

– 굿라이프 윤종혁

속초

SOKCHO

사진작가 염성필 · 동아시아출판

속초를 여행하는 사람들을 위한 지극히 주관적인 안내서

영랑호와 청초호. 호숫가 둥근 길을 걷는 동안 바람은 느리고 해는 오래 진다. 그곳에서
사람들은 좀처럼 목소리를 높이거나 화내지 않는다. 헤프게 웃거나 기뻐하지도 않는다.
속초束草라는 말에는 풀의 속성이 담겨있고, 도시의 많은 것들이 그 이름 안에서 산다.

섬이 아닌 곳의 섬마을 사람들

사진작가 엄상빈

다큐멘터리라는 말을 가만히 생각해보면 두 개의 단어가 연달아 떠오른다. 시간. 그리고 주름. 누군가의 주름을 30년의 시간 동안 바라본 사람이 있다. 섬은 아니지만 섬인 듯, 외따로 떨어진 속초 아바이마을의 역사를 담은 시선이 있다.

에디터 **김건태** 포토그래퍼 **안가람**

정호승 1997

청호동, 1986

조성춘(56) · 이문순(63), 1987

중앙동 북에서 본 갯배와 청호동, 1997

조도의 청촌동 전경, 1990

"600년 된 느티나무가 백 살을 더 먹는다고 우리는 크게 달라진 걸 느끼지 못해요.
하지만 사람은 다르죠. 사람을 기록한다는 건 시간에 대한 추적이에요."

《아바이마을 사람들》은 어떤 프로젝트인가요?
'아바이'는 함경도 사투리로 남자 어른을 통칭하는 말이에요. 속초 청호동에 함경도 피난민이 많이 살다 보니 행정상 명칭보다는 아바이마을로 더 유명해졌죠. 20년간 학교에서 아이들을 가르치다가 1983년도에 속초고등학교로 발령이 나면서 자연스럽게 아바이마을을 찍기 시작했어요. 프로젝트를 시작한 지 30년만인 2012년에 책으로 묶어서 발간하게 됐죠.

교단에 계시다가 사진작가가 된 과정이 궁금해요.
사진을 취미생활로 시작한 건 아니고, 처음부터 흑백 인화 작업을 직접 했어요. 철원에서 장교로 군 생활을 마치고 전역할 때 24만원 정도의 목돈을 받았거든요. 그걸로 카메라를 사서 본격적으로 시작한 거죠. 당시에는 흑백 사진에 필요한 확대기를 가진 사람이 많지 않아서 그룹 전시를 한다고 하면 모두 저에게 사진 인화를 부탁했어요. 그렇게 경험이 쌓이기 시작한 거죠.

책의 부제를 보면 아바이마을을 '실향민의 섬'이라고 하셨어요. 그 마을의 역사적 배경을 이야기해주세요.
한국전쟁 당시 중공군이 남하하면서 북쪽에 거주하던 사람들이 대거 피난하는 일이 생겼어요. 거제도나 포항, 부산 등까지 피난 갔던 사람들이 전쟁의 기미가 수그러들자 이곳 청호동에 잠시 짐을 풀었다가 길이 막혀버린 거죠. 땅이 없으니 모래사장에 임시로 집을 짓고 속초에 주둔하던 미군 부대가 버린 박스나 목선 조각으로 임시 거처를 만들어 살던 게 지금 아바이마을이에요. 어떤 할아버지는 세 살배기 딸을 놔두고 내려오면서 일주일 뒤에 예쁜 고무신 사 가지고 오마 했는데, 그게 70년이 됐어요.

비유적인 표현이긴 하지만 모래 위에 집을 짓는다는 게 불안 그 자체잖아요.
마냥 비유만은 아닌 게 그때만 해도 판잣집이 많았고, 콜타르 다진 걸 그대로 지붕이나 벽에 덧대는 그야말로 열악한 환경이었죠.

실향민의 섬이라는 표현에 왠지 모를 설움이 느껴져요. 작가님의 작업을 봐도 누추다 싶을 정도로 현실적인 모습이 보여요.
이곳은 사실 섬이 아니죠. 방파제도 있고, 속초의 다른 마을과 붙어 있긴

하지만 물 건너 외진 동네이기도 하고, 습관이나 말씨가 다르니 섬처럼 보인다고 그렇게 부른 거예요. 예전에 반공 이데올로기가 심할 때는 이곳에 이층집을 못 짓게 했죠. 높은 곳에서 간첩선에 신호를 보낼지도 모른다는 이유 때문이었죠. 하지만 이곳 사람들이야말로 국경일이 되면 태극기를 엄청 열심히 달아요. 동화되려고 애를 많이 쓴 거죠. 이 동네에 사는 게 일종의 핸디캡처럼 따라다니는 거예요.

처음 아바이마을을 보았을 당시 풍경은 어땠나요?
그때의 청호동은 한마디로 흑백 사진의 살아있는 스튜디오나 다름없었어요. 담장이나 지붕, 여타의 풍경이 모두 회색빛이었거든요. 거기서 찍은 사진을 현상, 인화를 해보면 실제 본 것과 똑같았어요. 흑백의 마을이었죠.

마을을 사진으로 담고자 했던 계기가 있다면요?
처음에는 내가 살 곳을 살펴본다는 생각으로 돌면서 사진을 찍었는데, 후에는 고향에 가지 못하는 분들을 대신해 앨범을 만들면 좋겠다는 생각에 작업을 하게 됐어요. 사진집에 그분들의 이름과 원래 고향이 어디인지 밝힌 것도 나중에 그 근거를 삼기 위해서였고요.

일종의 기록물이었네요.
실제 이 프로젝트로 찍은 사진들은 대한민국 역사박물관에 들어가 있어요. 심사위원들이 책을 보면서 역사적 자료라고 하더라고요. 그 말을 듣고 그동안 내가 해온 일이 헛되지 않았구나 생각하게 됐죠. 지금까지 모두 11권의 사진집을 냈는데 그중에서도 《아바이마을 사람들》은 제 작업의 가장 중심에 있는 책이에요. 내가 죽으면 화장해서 아바이마을 바닷가에 뿌려달라고 했을 정도로요.

30년이라는 시간 동안 바뀐 것도 많을 텐데 그게 하나의 책으로 묶인다는 것은 어떤 의미인가요?
30년의 작업을 묶어서 낸다고 하니 어떤 작가가 초창기 사진은 제외하고 나오냐고 묻더라고요. 아무래도 초기보다는 나중 사진이 더 좋다는 의미일 텐데, 특별히 옛날 사진을 제외하진 않았어요. 오랜 시간을 하나로 묶는다는 건 한 컷, 한 컷이 화석 또는 역사적 기록일 테니까요.

한용주(47), 1986

청호동, 1986

작업을 하며 사람을 담는 일이 힘들었다고요.

지금까지 해온 일이 주로 약자에 대한 작업이고, 변수가 많은 필드에서 촬영하다 보니 쉽지 않았어요. 당시 35밀리 렌즈를 주로 사용했기 때문에 멀리서 몰래 찍을 수도 없는 거잖아요. 일일이 대면하고 허락 맡고 그들의 말을 받아 적기도 하고요. 특히나 뱃사람들이 많이 거칠었어요. 배에서 내리면 힘드니까 술을 먹고 낮에 만나면 거의 취해 있을 때도 많았고요.

열악한 상황에서 인물에 다가가기 위해 어떤 노력을 하나요?

먼저 자기를 낮춰야 해요. 그 사람들이 가지지 않은 고가의 카메라를 들이대는 게 부담스러울 수도 있잖아요. 그래서 저는 아바이마을에 갈 때는 옷부터 조심히 입었어요. 최대한 소박하게 보이도록 했죠.

인물 사진의 경우 가장 공통적으로 도드라지는 건 얼굴의 주름이었어요. 그 깊은 골을 통해 무엇을 말하고 싶었나요?

있는 그대로예요. 그 사람들은 바닷가에서 일을 많이 하고, 또 살면서 고생을 많이 해서 그런 자연스러운 모습이 나온 거예요. 사진을 찍을 당시 이분의(위 사진의 왼쪽) 나이가 몇이나 됐을 것 같아요?

글쎄요. 적게 잡아도 60~70대는 돼 보이는데요.

47세였어요. 세월이 담긴 얼굴이죠.

누군가의 진짜 얼굴을 본 기분이에요.

600년 된 느티나무가 백 살을 더 먹는다고 우리는 크게 달라진 걸 느끼지 못해요. 하지만 사람은 다르죠. 사람을 기록한다는 건 시간에 대한 추적이에요. 그 사람이 살아온 시간, 그 변화를 같이 느끼는 거죠. 다큐멘터리는 결국은 시간의 축적이에요.

수많은 풍경 중 특별히 기억나는 장면이 있나요?

이 사진의(위 사진의 오른쪽) 경우 인물은 아니지만 출판사에 꼭 실어달라고 당부한 사진이에요. 제일 왼쪽의 허름한 구두가 보이나요? 고단한 아버지의 존재를 은유하는 거예요. 판잣집 골목 어귀에 신발을 벗어 놓고 들어가 술에 취해 잠든 아버지의 존재를 이 구두를 통해 알게 되는 거죠. 말하지 않음으로써 말하는 거예요.

엄상빈 작가의 시선들

아바이마을 사람들 | 눈빛

강원도 속초 청호동의 실향민들을 30년 동안 찍은 다큐멘터리 사진집이다. 시간과 바람의 풍광이 깊은 주름의 형태로 담겨 있다.

또 하나의 경계 | 눈빛

한반도 현대사의 큰 아픔인 분단을 동해안 철조망을 통해 그렸다. 날카로운 철조망과 그곳에 빨래를 널어두는 아이러니한 풍경이 함께 놓여진다.

들풀 같은 사람들 | 눈빛

영월에 사는 마흔다섯 가족을 직접 인터뷰해서 만든 책으로, 사진만으로는 알기 힘든 더 깊은 이야기를 들을 수 있다.

평범한 서점을 말하는
여섯 개의 단어

동아서점

책에는 유통기한이 없다. 하지만 서점에는 존재한다. 나는 지난 시절 새롭게 열었다 문을 닫은 몇 개의 서점들을 안다. 많은 작은 것들이 그렇듯 서점은 흔적도 없이 사라졌다. 그러던 중 동아서점을 알게 됐다. 62년간 3대에 걸쳐 서점을 운영하는 곳이라고 했다. 62와 3, 그 특별한 두 개의 숫자가 나를 속초로 이끌었다.

에디터 김건태 포토그래퍼 안가람

할아버지와 아버지

시작은 할아버지였다. 김종록 씨는 한국전쟁이 휴전한 지 3년 뒤인 1956년, 동아서점의 전신인 동아문구사를 세웠다. 당시 30평 남짓한 공간에서 문구류와 책을 함께 팔았고, 이는 속초에 생긴 최초의 서점이기도 했다. 그는 원칙주의자였다. 대개의 가장들이 그랬듯 가부장적이고 엄한 성격으로 흔들림 없이 서점을 운영했다. 고시 공부를 하던 아버지 김일수 씨는 병원에 가신 아버지를 대신해 서점을 보다가 그 길로 서점의 주인이 됐다.

당시 서점 일이란 학교를 상대로 영업하는 경우가 많아서, 숫기 없는 그에게는 맞지 않는 옷이나 다름없었다. "뭔가 특별한 일을 한다는 생각은 없었어요. 내가 하고 싶어서 시작한 건 아니지만 그래도 하루하루 묵묵히 일했죠." 그렇게 세월이 흘러 서점은 잠깐의 호황기를 지나 끝없는 불황의 시대를 지나게 됐다.

때는 2000년대 어느 날, 김일수 씨는 매장에 있는 텔레비전을 보며 파리를 쫓기 바빴고, 마침 저녁 술 약속에 가기 위해 평소보다 서둘러 문을 닫았다. 그 시각 불 꺼진 서점 지하에는 미처 책을 고르지 못한 손님이 있었다. 무술 관련 책을 사러 오는 몇 없던 단골손님이었는데, 자신이 갇혔다는 생각은 하지 못하고 그저 가만히 서서 불이 켜지기만을 기다렸다. 30분이 지난 후에야 주인이 자신을 두고 나가버렸다는 사실을 깨닫고는 창밖으로 구조를 요청했다. 세월이 한참 지나고 나서야 웃으며 말할 수 있는 추억이 됐지만, 당시로서는 오죽 손님이 없으면 그런 실수를 할까 모두가 씁쓸한 표정을 짓던 사건이었다.

© 동아서점

아들

2015년, 아들 김영건 씨가 서점 문을 새롭게 다시 열었다. 그는 서울에서 공연기획 회사에 다니던 평범한 직장인이었다. 아버지가 운영하는 서점을 놀이터 삼아 자라왔지만 자신이 이곳의 주인에 되리라고는 한 번도 생각하지 않았다. 무엇보다 속초에는 백화점과 독립영화관, 동남아음식점이 없었다. 하지만 편집자가 꿈이던 아들에게 당시의 직장은 10년 후가 그려지지 않는 일이었다. 때마침 아버지의 제안이 있었고, 아들은 3대에 걸쳐 서점을 이어받기로 결심했다.

직접 서점을 운영하기로 마음먹고 나니 아들의 눈에는 많은 것이 바뀌어야 했다. 가장 먼저 서점의 모든 책을 반품했다. 그리고 다시 새롭게 주문했다. 기존 목록과 겹치는 책도 분명 있었지만, 시간이 흘러 색이 바랜 책을 새로운 서가에 꽂을 수는 없었다. 뒤이어 책의 배본 방식을 바꿨다. 일정 규모 이상의 서점은 도매상에서 순위에 따라 신간을 받고 반품하는 게 일반적이지만, 그는 모든 책을 하나하나 직접 고르길 원했다. 4만여 권의 책을 일일이 고른다는 게 얼마나 무모한 일인지, 나중에는 거의 울고 싶은 심정이었다. "서점에 손님이 온다는 것이 잘 믿겨지지 않던 시기였어요. 그래서 누군가 책을 사 가면 그 감동이 아주 크게 오기도 했고요. 책을 주문할 때 특정 손님의 얼굴을 떠올려요. 그가 분명 좋아할 거야, 하면서요. 그렇게 고른 책을 손님이 알아봐줄 때 정말 짜릿한 기분이 들곤 했어요."

책장

새로 태어나는 책들은 모두 어디로 갈까? 매일매일 출간되는 책이 모두 꽂히기 위해서는 무한히 늘어나는 책장이 필요할 터였다. 서점을 맡게 되었을 때 아들의 고민도 바로 거기에 있었다. 새로 들여올 책과 기존 책 사이의 균형을 어떻게 맞출 것인가. 처음에는 추가로 책장을 들였다. 하지만 곧 공간의 한계에 부딪쳤고, 일정한 수량을 유지해야 했다. 그 과정에서 포기하는 법과 강조하는 법을 배웠다. 좋아하는 책이지만 팔리지 않으면 과감히 돌려보냈다. "4만 권이면 종합서점치고는 아담한 수준이에요. 선택이 필요했죠. 처음에는 할아버지와 아버지부터 내려오던 종합서점의 콘셉트를 포기할까도 고민했는데, 그 파도를 거스를 수는 없었어요. 서가 운영은 제 마음대로 하지만, 아버지의 입장에서는 서점에 바둑 책이 없다는 건 말이 안 되는 거죠. 서울에서라면 몰라도 이곳 속초에서는 그런 책을 찾는 손님 하나하나까지 소중한 거라고 말이에요." 시대는 변했고, 운영은 아들이 훨씬 더 전문적일 게 분명했다. 하지만 아버지의 말을 단순히 옛날 사람의 고집으로만 치부하기에는 오랜 경험을 무시할 수 없었다. 많은 게 바뀌었지만 여전히 이곳은 아들의 동아서점을 좋아하는 손님과 아버지의 동아서점을 좋아하는 손님 모두에게 열린 곳이기 때문이었다.

다만 책을 배치하고 책장을 새롭게 꾸미는 건 순전히 아들의 몫이었다. 널찍한 서점 내부에는 일정한 여유를 두고 매대를 설치하고, 테마별로 인접성 높은 책들을 한데 모아두었다. 가령 '초보 중년을 위한 실전 가이드북'이라든지 '쓰잘데기 없이 고귀한 기술들의 목록'처럼 일반적인 도서 분류보다 친근하고 구체적인 구분이었다. 또 하나, 종합서점에서는 흔치 않은 독립서적을 판매했다. 그건 일종의 용기가 필요한 일로, 교보문고 같은 커다란 종합서점과 특정 장르에 집중하는 작은 서점 사이에서 자기만의 정체성을 드러내는 방식이었다. 오랜 경험을 존중하되 사회적 흐름에 맞춰 조금씩 변하는 것. 모든 것은 책장을 다시 꾸미는 일에서부터 시작됐다.

손님

아들에게는 하루에도 수백 명의 사람들이 오가는 서점에서도 특별히 기억나는 얼굴들이 있다. 그중 한 명은 노인으로 풍수지리 책이나 지도를 사러 자주 서점에 온다. 연세가 많은 편이지만 아주 쾌활한 성격으로, 한 번 다녀가면 서점에 활기가 돈다. 책은 늘 현금으로 계산하는데, 항상 부채처럼 펴서 내는 버릇이 있다. 그런데 어느 순간부터 노인은 자취를 감췄다. 다른 도시로 이사를 가거나 단골을 바꿀 이유가 없는데 보이지 않으니 걱정이 앞선다. 잊고 지내다가도 문득 생각이 나면 기분이 아득해진다고.

또 한 명의 손님은 어느 여름에 나타났다. 민소매의 얇은 원피스를 입은 여자는 인문학 서가에서 한참을 미동도 없이 책을 골랐다. 몇 번의 재방문과 관찰. 그녀는 아버지도 기억할 만큼 멋진 여자였다. 아들은 몇 달의 연애 끝에 그녀와 결혼했다. 그리고 둘은 함께 서점을 꾸린다. 아들에게 그녀의 존재는 동반자이자 조언자다. 손님의 시선으로 객관적인 조언을 해준다. 서점의 많은 디테일 역시 그녀의 솜씨로 이뤄진 것들이었다.

고민

아버지와 아들, 아내가 함께 힘을 모은 결과 서점은 안정적으로 운영됐다. 서점에 오려고 일부러 속초를 찾는 사람들도 생겼다. 하지만 그들에게도 고민은 있었다. 아버지는 지금의 깔끔한 모습도 좋지만 가끔 지난 세월 몸담던 작은 서점이 그립다. "예전에는 출장을 많이 다녔어요. 멀리 갔다가 한계령이나 진부령을 넘어오면 벌써 바다 냄새가 올라와요. 저한테는 그게 고향의 냄새인 거죠. 그렇게 고된 몸 으로 서점에 들어오면 아늑하고 편안한 느낌이 드는 거예요. 가끔 그게 생각나요."

아들의 고민은 조금 다른 곳에 있었다. 지금이야 아내와 함께 정성을 들여 서점을 운영하고 있지만, 그걸 대체할 수 있는 시스템이 부족 하다는 이야기였다. 둘이 자리를 비워도 누군가가 매뉴얼대로만 운영하면 무리가 없는, 구조적인 보완이 필요했다. "서점 외적으로 저희 의 삶에 고민도 있는데요. 최근에 속초에 친구들이 생겼는데 부부가 함께 서점을 비우기가 너무 힘들어요. 이것 역시 시스템의 부재 때 문에 생기는 일이겠죠." 타당한 고민이었다. 사람들은 여유를 찾기 위해 서점에 들르는데, 정작 그곳을 운영하는 사람의 삶의 질이 담보 되지 못한다면 그것은 너무나 불행한 일이다. "하지만 모두가 그렇게 일하더라고요." 그렇게 말하며 영건 씨는 조금 웃었다. 여운이 고 스란히 묻어 나온 웃음이었다.

좋은 서점

"단점이라면 백 개 정도는 말씀드릴 수 있을 것 같은데요." 손님의 시선으로 서점의 장점과 단점을 말해달라는 요구에 영건 씨가 너스레를 떨었다. "제일 큰 단점은 마땅히 찾는 책이 없을 가능성이 높다는 거고요. 장점이라면 기대를 버리면 무언가를 발견할 확률이 높다는 거예요." 발견의 기대를 버리면 오히려 발견할 수 있을 거라는 말. 언뜻 말장난 같은 이 말의 의미는 곧 다음 질문과도 이어졌다. "좋은 서점이란 무엇이라고 생각하나요?" 그는 한동안 말이 없었다. 어려운 질문이라고 했다. 그러더니 최근에 자신이 추천사를 쓴 한 책의 이야기를 들려주었다. "책의 저자가 어느 날 도쿄의 한 골목에서 길을 잃어버렸대요. 그러다가 우연히 책방에 들어가게 됐는데, 주인 할아버지가 어서 오라는 인사만 하고 바로 자기 일을 하더라는 거죠. 책을 골라 계산을 하려는데 할아버지가 건넨 첫마디가 '꽃샘추위인 것 같네요.'였대요. 집에 가서 책을 서가에 꽂아두는데, 그 책만 보면 꽃샘추위가 생각난다고요. 결국 좋은 책방은 사람을 생각하는 책방인 것 같아요. 단순히 서비스가 좋고 할인을 해주는 게 전부는 아니겠죠."

사실 서점에서 파는 책이야 어디에서나 살 수 있는 기성품이나 다름없다. 그럼에도 불구하고 서점의 단골이 된다는 건 그곳만의 보이지 않는 힘이 존재하기 때문일 것이다. 가업을 잇는다는 것의 아득함, 매장을 채우는 향과 음악, 분위기, 할인율, 주인과의 친분, 통유리 창으로 들어오는 햇빛의 반듯함, 그리고 꽃샘추위를 말하는 무심한 듯한 세심함. 사실 좋은 서점을 만드는 요소야 셀 수 없이 많겠지만, 그 모든 걸 충족시킨다고 그곳이 모두 동아서점이 되는 건 아닐 것이다. 그리고 그곳이 늘 동아서점일 필요 또한 없을 것이다. 누구에게나 각자의 동아서점이 있고, 그건 그 사람만이 알 수 있는 고유한 이유로 좋은 서점이 될 테니까.

동아서점 주인 부부가 추천하는
여섯 권의 책

01 나의 두 사람
김달님 | 어떤책
"조부모가 키운 손녀딸이 삼십 대 어른이 되어서 어릴적 이야기를 쓴 책이
에요. 주변의 평범한 삶의 감동적인 지점을 공유하는 것이 좋았어요."

02 음악 혐오
파스칼 키냐르 | 프란츠
"미학 분야의 책이라 어려울 수 있지만 음악에 조금이라도 관심이 있으면
교양서로 좋아요. 책이 예뻐서 꽂아놓기만 해도 인테리어 효과도 얻을 수
있죠."

03 섬에 있는 서점
개브리얼 제빈 | 루페
"'아일랜드 북스'라는 가상의 서점을 배경으로 한 소설이에요. 나름의 반
전도 있고, 추천한 거의 모든 사람들이 좋아한 책이에요."

04 주말엔 숲으로
마스다 미리 | 이봄
"주인공 세 명이 숲에서 겪는 일들을 만화로 그렸어요. 숲에서 무언가를
보고 깨닫거나 생각에 빠지며 자신의 삶을 돌아보는 내용이에요."

05 환자 H.M.
루크 디트리치 | 동녘사이언스
"뇌 실험으로 피해를 입은 헨리 구스타프 몰래슨의 이야기를 통해 의학 윤
리에 대해 생각하게 해요. 수술 집도의의 외손자인 저자가 자신의 할아버
지를 고발하죠."

06 정원생활자의 열두 달
오경아 | 궁리
"실생활에서 활용 가능한 가드닝 방법을 열두 달에 나눠 제시한 책이에요.
실제 그림도 그려져 있어 보기에도 편하고요."

가업을 잇는 서점 이야기는 다분히 신화적인 소재다. 하지만 미디어의 주목을 받기 이전부터 그들은 조용한 서가 한쪽에서 묵묵히 자신의 일을 해왔다. 매일매일 양치를 하듯이 그저 할 일을 했을 뿐이다. 다시 나를 속초로 이끈 62와 3에 대해 생각해본다. 특별한 숫자라고 말했지만 사실 나는 그 평범함에 대해 이야기하고 싶었던 것 같다. 평범함이야말로 가장 오래 버틸 수 있는 힘이라고 믿기 때문이다. 100년이든 10년이든 서점이 앞으로 얼마나 더 평범하게 자신의 길을 갈 지는 알 수 없겠지만, 불을 끄고 마지막으로 문을 잠글 때 그들이 서로의 얼굴을 한 번 더 바라봤으면 좋겠다. 그리고 그건 여느 날보다 편안한 표정이었으면 좋겠다.

동아서점

A. 강원도 속초시 수복로 108
H. facebook.com/bookstoredonga
T. 033 632 1555
O. 매일 09:00~21:00

속초를 여행하는
사람들을 위한 지극히
주관적인 안내서

에디터·포토그래퍼 김건태

여행과 일상 모두에 잘 어울리는 백팩
Barlow Large | 허쉘 | platformshop.co.kr

[OUTDOOR]

저녁, 호수, 자전거와 산책길
영랑호와 범바위

A. 강원도 속초시 금호동
H. sokchotour.com
T. 033 639 2690

속초를 여행하며 하나의 자연을 선택하라면 나는 동해도 설악산도 아닌 호수를 꼽을 것이다. 특히 속초가 품은 두 개의 호수 중 영랑호는 오후에 볕이 아름다운 곳으로 산책을 위한 첫 번째 선택으로 손색없다. 《삼국유사》에 따르면 신라의 화랑 영랑이 무술대회장으로 가다가 이 호수를 발견했고, 아름다움에 빠져 대회조차 잊고 머물렀다는 이야기가 전해진다. 영랑호에서 자전거를 빌려 한 바퀴 도는 데 약 한 시간 정도 걸린다. 둘레길의 주요 코스 중 단연 놓치지 말아야 할 곳은 호랑이를 닮은 바위산, 범바위다. 범바위 정상에 오르면 가까이는 영랑호 둘레와 멀리 설악산 일대를 조망할 수 있다. 특히 일몰 시간의 영랑호는 하늘과 물, 태양의 색감이 오묘하게 어우러지며 장관을 이룬다.

TIP. 스토리자전거를 이용하면 가이드가 동승해 각 포인트마다 이야기를 들려준다.

물끄러미 바라보는 풍경 안에서
스테이오롯이

여행을 떠나기 전 하나의 풍경에 오래 눈을 둔다. 'ㅁ'자 형태의 단층 건물, 그 안에 물의 정원이 있다. '수水 공간'이라고 불리는 이 정원은 그저 바라보는 것 외에 무엇도 하기 힘든 곳이지만, 그 바라봄이 좋은 사람들을 위해 가장 안정적인 구조로 건축되어 있다. 펜션과 게스트하우스 중간쯤에 놓인 이 낮은 공간은 속초 출신의 부부가 고향으로 돌아와 만든 새로운 보금자리다. 여섯 개의 2인용 객실은 나무 담장으로 자기만의 테라스를 두어, 설악산을 조망할 수 있게 만들었다. 통유리 창으로 들어오는 햇빛과 산 위의 구름은 말이 없고, 돌담과 물의 정원 또한 차분하다. 여행자는 이곳에서 책을 읽고 낮잠을 자고 가만히 앉아 물을 바라본다. 그러다 조금 걸어 식물원을 산책한다. 소란도 없이 그저 머물다 가는 여행. 때때로 여행은 아주 작은 호흡만으로도 충분히 오롯하다.

TIP. 조금 더 활동적인 여행을 원한다면 설악산과 온천, 숙소 근처 양조장으로 이어지는 코스를 추천한다.

A. 강원도 속초시 관광로408번길 42
H. stayorosy.com
T. 033 638 9980

BOOKSTAY

조용한 수다가 필요한 날
완벽한 날들

완벽한 날들은 2017년 1월에 문을 연 문화공간으로 작은 서점과 카페, 게스트하우스를 함께 운영한다. 대개의 경우 공간은 그 주인을 닮기 마련인데, 책을 고르고 커피를 내리고 침대보를 갈아주는 키다리 주인 또한 이곳의 조용한 소음과 닮아 있다. 그는 예전에 이주민의 정착을 돕는 일을 했다. 사람들의 편견을 없애기 위해 교육하는 일이었는데, 지금은 책을 통해 그 마음을 전하려 한다. 그렇다고 해서 딱딱한 책만 고르는 건 아니고 인문, 교양, 문학과 독립 서적 등 좀 더 말랑말랑한 종류의 책을 선택해 진열해 둔다. 책과 이어지는 다양한 형태의 활동, 가령 독서 모임과 북 토크, 원화 전시회나 공연을 여는 것도 그의 몫이다. 조용히 사람들과 나누고 싶은 것들을 준비한다. 그 때문인지 이곳에 머물다 보면 문득 누군가와 수다를 떨고 싶어진다. 나의 변덕스러운 성격을 받아주는 친구, 나의 잠버릇을 잘 아는 연인, 그리고 책 속에서 나를 무심히 바라보는 낯선 이와의 대화 같은 것들. 혹자는 여행지에서까지 책을 사느냐고 물을 수도 있겠지만, 여행은 일상의 가장 편안한 부분을 조금 더 연장하는 데서 시작한다.

TIP. 대도시의 프랜차이즈 공간을 생각하면 서비스가 조금 부족해 보일 수도 있다. 하지만 나름의 속도로 최선을 다하고 있다고 하니 조금만 여유를 가지고 지켜봐 주면 좋겠다.

A. 강원도 속초시 수복로259번길 7
H. instagram.com/perfectdays_sokcho
T. 033 947 2319
O. 수~월 10:00~21:00

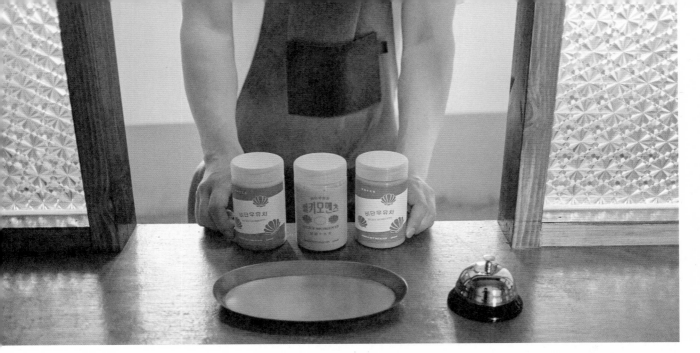

CAFE

이곳은 카페가 아니다
비단우유차

속초에서 가장 갑작스러운 공간을 고르라면 단연 비단우유차다. 허름한 제재소 건물을 개조해 만든 인테리어나 무심하게 놓아둔 듯한 소품들은 서울의 여느 카페와 견주어도 손색이 없다. 거기에 벨을 울려서 주문하는 방식이나, 오래된 여인숙처럼 작은 구멍을 통해 제품을 받는 콘셉트 또한 제법 이질적인 풍경으로 느껴진다. 비단우유차란 우유와 차를 블렌딩한 밀크티의 일종으로, 차 문화를 캐주얼하게 즐길 수 있게끔 개발한 메뉴다. 광주의 춘설차를 우유차로 만들던 걸 시작으로 쑥과 아삼 홍차, 호지차, 말차 등 여덟 가지 메뉴를 판매한다. 사실 이곳은 서울에서 나름 명성을 쌓아가던 곳이었는데, 치열한 경쟁을 피해 속초로 오게 됐다. 온라인 판매를 목적으로 아주 조심스럽게 상점을 열었지만 입소문을 타 많은 사람들이 방문해서 사진을 찍어가는 장소가 됐다. 반짝 주목받았다 사라지는 공간이 되지 않기 위해 매일매일 새로운 우유차 개발에 힘쓰는 중이다.

TIP. 사실 이곳은 카페 용도가 아닌 제조장으로 허가를 냈다. 때문에 일반 카페처럼 일회용 컵이나 우유를 데우는 등의 서비스가 힘들다. 하지만 패키지 자체가 실용적이어서 선물용으로도 괜찮다.

A. 강원도 속초시 교동 664-5 2층
H. instagram.com/bidan_wy
T. 070 4065 8287
O. 수~일 11:00~20:00

이곳은 조선소가 아니다
칠성조선소

3년 전, 칠성조선소에 다녀간 적이 있다. 그때의 조선소는 지금보다 뜨거운 공간이었다. 조선소 마당에 어선이 정박해 있고, 어깨가 검게 그을린 남자들은 기름과 불똥의 현장에서 땀을 흘렸다. 3년이 지난 후 조선소는 더 이상 어선을 만들지 않는다. 변화는 피할 수 없는 일이었다. 칠성조선소를 지키기 위해 이곳은 조선업을 그만두었다. 대신 이름 뒤에 '살롱'이 붙었고, 멀리서 온 손님들이 그늘에 앉아 커피를 마신다. 다만 예전의 흔적은 그대로 보존한 채, 새로운 공간으로 두 번째 이야기를 준비하고 있다. 지난 5월에는 뮤직 페스티벌을 열었다. 밴드 구남과여라이딩스텔라의 기타리스트 조웅이 리스트업을 맡고, 칠성조선소가 공간을 꾸몄다. 멀리 속초까지 누가 와줄까 싶었지만 사람들은 아주 편안한 자세로 축제를 즐겼다. 칠성조선소는 다른 의미로 속초의 명물이 됐다. 하지만 여전히 다듬을 곳이 많고, 불편한 점 역시 눈에 띈다. 그러나 아주 오랜 시간을 버텨온 이 공간이 단숨에 바뀌어야 한다고 누구도 재촉하지 않는다. 호수가 녹을 만들고, 바람이 칠을 벗겨낸 것처럼 아주 자연스러운 흐름 안에서 조선소는 진화하고 있다.

TIP. 마당에 아주 커다란 나무 한 그루가 있다. 나무는 그늘을 만들고, 그곳에 사람이 앉아 호수를 바라보는 풍경은 그 자체로 여유롭다. 다만 시간마다 그늘의 위치가 바뀌기 때문에 자주 의자를 옮겨야 할 수도 있다.

A. 강원도 속초시 중앙로46번길 45
H. instagram.com/chilsungboatyard
T. 033 633 2309
O. 목~화 11:00~20:00

PLAY

세계 유일의 17홀
보광미니골프장

A. 강원도 속초시 영랑호반길 69-4
H. blog.naver.com/bkmngolf
T. 033 633 3110
O. 매일 09:00~문의

의외일 수도 있다. 이곳에 간다고 했을 때 나를 이상하게 보는 친구들이 꽤 있었다. 속초까지 가서 골프를 친다고? 그것도 어디서 듣지도 보지도 못한 미니 골프를? 말 그대로였다. 어디서 듣지도 못한, 세계 유일의 골프장이었다. 1963년 현재 사장님의 아버지가 직접 만든 이 골프장은, 오랜 시간 한자리를 지키며 속초 사람들의 놀이터가 되어주었다. 남녀노소 누구나 즐길 수 있어 가족 단위 손님이 많으며, 골프를 한 번도 쳐보지 못한 사람도 집중력만 있다면 골프의 신이 될 수 있다. 각각의 이름이 붙은 17홀 코스를 상황판에 점수를 매기며 플레이하는데, 후반으로 갈수록 점수 비중이 높아져 한시도 긴장의 끈을 놓을 수 없다. 나는 3만원을 걸고 친구와 내기를 했고, 집요한 승부 끝에 패배했다. 비가 오나 눈이 오나 연중무휴로 문을 열지만 방문 전 미리 전화 연락을 하는 것이 좋다.

TIP. 각 코스별로 공략할 수 있는 힌트가 적혀 있다.

자연을 거스르지 않는 미술관
바우지움조각미술관

A. 강원도 고성군 토성면 원암온천3길 37
H. bauzium.co.kr
T. 033 632 6632
O. 화~일 10:00~18:00

바우지움조각미술관은 치과의사와 조각가 관장 부부가 2015년에 건립한 사립미술관이다. 행정구역 상 고성군에 위치하지만 속초 시내에서 차로 10여 분이면 닿는 거리에 있어 들러볼 만하다. 근현대조 각관을 거쳐 물의 정원과 소나무 정원, 돌의 정원, 테라코타 정원에 이르기까지, 벽으로 구획한 다양한 테마 공간이 모여 하나의 미술관을 이룬다. 건축을 맡은 김인철 건축가는 이곳을 두고, '담의 어딘가에 지붕이 있을 뿐 건물의 형태는 따로 없다'고 말한다. 미술관에서 건축의 역할이란 바람을 머물게 하고, 돌담의 틈마다 흙과 풀씨를 담게 하는 자연의 일부인 셈이다. 마침 내가 머물던 시간에는 물에 담긴 빛 이 바람에 의해 한껏 산란하는 중이었다. 그것에는 생명이 없지만 소리로, 빛으로, 대화를 걸어온다.

TIP. 상설 전시 외에도 2~3개월에 한 번씩 아티스트 전시가 바뀐다. 입장권은 음료로 교환 가능하다.

속초 사람이
자주 가는 식당

01 대포함흥면옥

A. 강원도 속초시 설악산로4번길 163-11
T. 033 632 6688

"함흥냉면이 아주 좋아요. 이곳에 갔다가 다른 곳에 가면 아예 맛없게 느껴질 정도로요."

– 스테이오롯이 이준성

02 가고파스넥

A. 강원도 속초시 중앙로143번길 15-4
T. 033 632 8311

"속초관광수산시장 골목에 있는 집이에요. 할머니가 하시는데, 감자옹심이가 정말 담백하고 맛있어요."

– 비단우유차 이민성

03 옛날숯불녹원갈비

A. 강원도 속초시 교동 780-276
T. 033 636 9321

"옛날식 생돼지갈비가 최고예요. 고기도 부드럽고요. 된장찌개도 좋고, 밥도 솥밥으로 나와서 아주 만족스러워요."

– 칠성조선소 최윤성

04 구구집

A. 강원도 속초시 중앙로 341
T. 033 636 1888

"저희는 물회나 회덮밥 주로 먹어요. 속초에서 너무 흔한 음식이지만 가족들이 함께 운영하는 곳으로 정성스럽게 음식을 내와서 자주 이용하고 있어요."

– 동아서점 이수현

05 이모네식당

A. 강원도 속초시 영랑해안6길 16
T. 033 637 6900

"생선찜이 유명한 식당이 두 곳 있는데요. 굳이 선택을 하자면 저는 이곳이에요."

– 스테이오롯이 이준성

06 함흥막국수

A. 강원도 속초시 중앙로54번길 3
T. 033 632 6707

"일반적인 함흥식 회냉면에 면을 굵게 해서 먹어요. 김을 올려서 함께 먹으면 색다른 식감을 느낄 수 있죠."

– 칠성조선소 최윤성

07 그리운보리밥

A. 강원도 속초시 법대로 34
T. 033 635 0986

"사람들에게 자주 추천하는 곳인데요. 찌개 정식을 시키면 한 상이 크게 차려져 나와요. 음식 하나하나가 정갈하고 푸짐한데다 성의 있게 준비돼요."

– 완벽한 날들 최윤복

08 춘선네

A. 강원도 속초시 청초호반로 230
T. 033 635 8052

"속초에서 유명한 곰치국은 벌건 국물에 나오는데 아주 깔끔하고 개운한 맛이 일품이에요."

– 비단우유차 이민성

09 완앤송 하우스 레스토랑

A. 강원도 속초시 장사동 632-250
T. 033 635 3437

"영랑호 근처에 있는 집으로 점심 메뉴인 쌀국수가 진짜 맛있어요. 저녁에는 코스 요리만 예약제로 운영해요."

– 동아서점 김영건

강릉

GANGNEUNG

바리스타 박이추 · 버드나무 브루어리

강릉을 여행하는 사람들을 위한 지극히 주관적인 안내서

오랜 옛날부터 사람들은 강릉의 아름다운 바다와 호수, 소나무 숲과 너른 들판을
사랑했다. 옷차림과 말씨까지 달랐던 먼 시절에는 고요한 경포호 주변으로 수많은
누정과 별당을 짓기도 했다. 그저 강릉을 간직하고 싶었던 사랑스러운 마음으로.

여름바다와
커피잔

바리스타 **박이추**

바닷가의 파도 냄새와 차가운 새벽 공기 냄새, 쨍쨍한 여름 볕 냄새와 마른 바람
의 냄새. 강릉을 채우는 많은 냄새가 있다. 그중에서도 바다 위를 채운 커피 향
을 좋았다. 바리스타 1세대 박이추는 강릉에서 자기만의 향을 만들고 있었다.

에디터 **이자연** 포토그래퍼 **박은진**

"커피의 역사에 관한 어떤 책에 이런 말이 나와요. '맛있는 커피란 당신의 팔자와
운명을 바꾸는 커피다.' 커피의 진심에는 그런 요소가 분명히 있어요.
커피를 마시면서 자기 자신에게 집중하는 그 시간이 우리의 운명을 바꿀 수 있으니까요."

선생님이 처음에는 낙농업에 관심이 많았다는 이야기를 들었어요. 커피에는 어떻게 관심을 갖게 되었는지 궁금해요.
제가 일본에서 태어나서 20년 가까이 그곳에서 교육을 받았어요. 그때 농장에 관심이 많았죠. 한국으로 들어오면서 공동체 협동농장을 꾸려보려고 강원도 문막에서 농장 생활을 이어갔어요. 그런데 문득 도시 생활이 그리워지더라고요. 일본 도쿄로 넘어가 커피를 배웠죠. 처음 3~4개월 정도는 세미나에 참석하다가, 학원에서 10개월 정도 수업을 들었어요. 커피와 관련된 가게를 시작하려고 했죠. 그런데 목장 일보다 커피에 대해 알아가는 게 더 어렵다는 걸 알게 됐어요. 쉬운 게 없더라고요. 그렇게 1988년에 서울 대학로에서 3년간 카페를 운영하다가, 고려대 후문의 지하에서 10년을 있었어요.

'바리스타 1세대'라는 수식어만큼, 로스팅 커피의 정착을 돕던 시간이네요.
사실 커피를 공부했지만, 제 기술력이 좋지 않다는 것을 점점 알아가던 시간이기도 했어요. 제가 만든 커피의 고유한 맛이 난다기보다는 그냥 커피 맛이 나는 느낌이 드는 거죠. 그래서 공부가 더 필요하다고 느끼기도 했고요.

혜화에서 3년, 고려대에서 10년을 보내는 동안 로스팅 커피 문화를 갓 접하기 시작한 청년을 많이 만났을 것 같아요.
그렇죠. 그 당시에 고대 지하에서 커피 교실을 열기도 했어요. 2000년도 되기 전이니까, 1997년, 1998년 즈음 같아요. 한 달에 한 번 커피 스터디를 열며 회원 모집을 해서 5년 정도 운영했죠.

그 뒤에 강릉으로 오신 건가요?
서울 생활에 염증이 좀 났어요. 사람들 틈에 있다 보니 조금 멀어지고 싶더라고요. 당시 강릉은 지금이랑 분위기가 달랐어요. 지금은 KTX도 개통됐지만 그때는 서울에서 좀 거리감이 있었거든요. 강릉이 좋겠더라고요. 옆에 양양도 있고, 연어 축제도 열리고요. 제가 연어를 좋아하거든요.

도쿄에서 커피를 배웠다고 하셨어요. 당시 일본과 한국의 커피에 대한 관심에 차이가 있었을까요?
80년대 한국에서는 커피를 공부할 수 있는 곳이 없었어요. 일본은 그때 커피 관련해서 인재 양성에 관심이 있는 상태였고요. 그래서 관련 교육을 받을 수 있는 수업이나 기관이 조금씩 생겨나고 있었죠.

그렇게 공부와 경험으로 체득한 것을 학교에서 학생들에게 가르치시기도 하셨죠?
2000년도 2학기에 단국대학교에서 커피 전문 학과를 개설했어요. 서울 단국대학교와 천안 단국대학교에서 지도교수로 수업을 했어요. 나중에는 강릉 원주대학교까지 세 곳에서요. 지금은 커피 아카데미에서 강사로 수업을 하기도 해요.

보통 첫 수업에서는 무엇을 가르치시나요?
커피의 분류를 제일 먼저 설명해요. 각 커피를 감별하는 감각과 기술도 중요하기 때문에 종류에 따른 커피콩을 볶는 방법도 가르쳐주고요. 커피 메뉴의 다양성도 알려주는데, 에스프레소 추출도 같이 해봐요. 한 수업에 세 시간 정도 진행이 돼요.

로스팅 커피가 처음 들어온 시기에는 커피 배우는 일을 낯설어하는 사람들도 많았을 것 같아요.
신기해하면서 어려워했던 것 같아요. 개인적으로는 접근할 수 있었지만 수료증을 발행하는 곳이 없었거든요.

보헤미안
박이추 커피공장

소비자들도 그랬겠죠?

그랬죠. 각자 취향에 맞는 커피를 찾아가면서 점점 보편화됐지만요.

강릉이 아주 빠르게 변했어요. 도시에서 강릉으로 새로운 터전을 마련하는 사람들도 생겼고요. 조금씩 북적거리기 시작했어요.

옛날에는 여름에 수영을 하러, 겨울에는 스키를 타러 사람들이 모여들었어요. 사람들이 온다고 하면 주로 여름과 겨울에 몰려 있던 거죠. 그래서 봄과 가을은 크게 북적이지 않았어요. 점점 시간이 흐르면서 강릉의 아름다움이 많은 사람들에게 전해지고, 작년에는 KTX도 개통되면서 강릉에 간다고 할 때 다양한 의미가 생긴 것 같아요. 2010년도 넘어서부터는 커피를 마시기 위해 강릉에 간다는 맥락이 생기기도 했고요. 90년대에는 아무 뜻 없이 커피를 마셨다면, 2000년대 들어서면서 커피에 대한 대중의 관심이 높아졌어요. 다르게 비유를 해보자면, 마시는 사람이나 장사하는 사람이나 사람들이 커피에 다가가면 커피가 멀어진 거예요. 그런데 지금은 사람이 다가가면 커피도 같이 이끌려 다가와요. 서로 이끌림의 강도가 점점 세지기 시작한 거죠. 사람이 발전하고 지역이 발전하면서, 커피도 함께 발전했어요.

커피를 마주하는 사람들이 갖춰야 할 자세도 있을까요?

사람들이 왜 커피를 마시는지에 대해서는 잘 생각하지 않는 것 같아요. 커피 한 잔의 가치를 잘 모르는 것 같거든요. 커피를 마시면서 행복을 느끼는 사람이 얼마나 많을까 하는 의문이 드는 거죠. 이 커피가 맛있다고 감각하고 생각하는 데에서 그치는 게 조금 안타까워요. 커피는 그런 평가 이상의 것을 인간에게 주거든요. 돌이켜 보면 커피를 마시면서 느끼는 평온은 자신에게 내재되어 있는 평화에서 오는 걸 수도 있어요. 커피는 그저 그것을 느끼게 해주는 매개일 뿐이고요. 커피를 마시는 사람의 상태와 마음가짐에 따라 달라질 수 있다는 거예요. 그걸 깨닫지 못하는 것 같아요.

커피를 마실 때만큼은 그런 행복을 돌이켜 볼 수 있을 텐데도 거기까지 미치지 않는 것 같아요.

커피의 역사가 상세하게 적힌 어떤 책에 이런 말이 나와요. '맛있는 커피란 당신의 팔자와 운명을 바꾸는 커피다.' 물론 사람들은 믿지 않겠죠. 맛에만 집중하니까요. 하지만 커피의 진심에는 그런 요소가 분명히 있어요. 커피를 마시면서 자기 자신에게 집중하는 시간이 우리의 운명을 바꿀 수 있으니까요. 그 시간을 느끼는 게 중요하죠.

커피는 아침, 오후, 저녁, 새벽 모든 시간과 어울리는 유일한 음료처럼 보이기도 해요. 어떤 시간의 커피를 가장 좋아하시나요?

아침을 가장 좋아해요.

역시 모닝커피가 제격이죠.

그렇죠. 그런데 빈속에 마시는 모닝커피보다는 아침 식사 후에 마시는 커피가 좋아요. 정신이 쌩쌩한 상태에서 커피를 마시면 조금 더 개운하거든요.

보헤미안의 커피 중 가장 좋아하는 커피는 무엇인지 궁금해요.

'하우스 블렌드House Blend'요. 콜롬비아, 과테말라, 케냐, 브라질, 네 가지 커피가 섞인 거예요. 맛과 향이 잘 배합된 이 커피를 제일 좋아해요.

커피콩을 너무 많이 볶으면 쓴맛이 나기도 해요. 로스팅할 때 가장 중요한 점은 무엇일까요?

보통 커피를 오래 볶아온 사람들은 콩의 색 변화를 잘 알아차려요. 어디서부터 어디까지 볶아야 하는지는 콩 종류마다 다르거든요. 단순한 색 변화가 아니라 어디서부터 어디까지 변했느냐가 중요해요. 콩 볶는 게 전부 비슷해 보이겠지만 사실 다 다르거든요. 변화의 정도에 따라 맛도 달라지고요. 관찰할 수 있는 눈이 필요한 거죠. 시간도 중요하겠지만, 콩이 어떤 종류인지도 잘 알아야 해요. 감각만큼 기본 지식도 중요하겠죠.

강릉과 커피의 공통점이 뭐라고 생각하세요?

수수께끼랄까요. 강릉도 커피도 좀처럼 정확한 말로 표현하기 어려워요. 이곳에서 어떤 일이 벌어질지 알 수 없는 것처럼, 커피도 어떻게 나아갈지 알 수 없죠.

바리스타라는 직업이 잘 알려지지 않던 시절에 새로운 길을 개척하는 데 어떤 어려움이 있었을까요?

기술적인 것에서 해결책을 찾는 일이 어려웠어요. 직업을 바꾸고 싶을 때도 있었거든요.

이직이요(웃음)?

그렇죠. 결코 쉽지 않아요. 그렇게 어려운지는 사실 그때는 몰랐어요. 시간이 흐르는 동안 그때마다 커피에 집중하려 노력했고, 그냥 그렇게 시간이 흘렀을 뿐이에요.

사실 바리스타의 전문성을 인정받는 데 시간이 걸리기도 했죠.

그렇죠. 그땐 로스팅 커피를 만들 때, 커피 전문점보다는 다방 개념으로 오해를 받기도 했어요. 세월이 가면서 커피의 중요성을 인정받고, 커피 산업도 많이 발전했죠. 보편적인 인식도 훨씬 나아졌고요.

경제가 어려워진 만큼 저렴한 비용으로 유일하게 누릴 수 있는 문화는 커피뿐이라는 이야기를 들은 적이 있어요.

커피를 활용하는 방법에 관한 이야기인 것 같아요. 그런 활용법이 옳은지 틀린지는 커피를 활용하는 사람에게 달려 있을 거예요.

화요일마다 서울에 가신다는 이야기를 들었어요.

2주마다 올라가고 있어요. 2년 전에 상암동 MBC에 카페를 오픈했는데요, 직원이 일곱 명 정도 있어요. 강릉에서 볶은 콩을 계속해서 서울로 보내고 있지만 직접 가서 커피를 볶아요. 커피도 만들고 관리도 하죠.

아직까지 현역으로 활동하고 계세요. 오랜 시간 한 가지에 열중하는 건데, 아직도 즐거우세요?

몸이 좀 힘들어요. 1988년에 가게 시작한 뒤로 2018년이 되었으니 30년이 흘렀잖아요. 계속해서 콩을 볶고 추출하는 일을 하면서요. 손목도 조금 아파요. 요즘에는 다시 땅과 맞닿는 일에 관심이 높아져서 고구마 농사도 짓고, 라오스에 대략 2만제곱미터 정도의 땅을 빌려서 직접 커피콩을 재배해보려고 해요. 4년 뒤에야 수확할 수 있다고 하더라고요.

커피 한 잔이 만들어지는 모든 과정에 참여하시는 거네요.
좋아하니까요. 정말 좋아하니까 계속하는 거예요. 생산을 확장하고 싶은 마음이라기보다는요.

이곳으로 오는 길에 택시기사님께 선생님 성함을 말씀드리니 바로 이곳으로 오시더라고요. 강릉에서 모르는 분이 없으신 것 같아요.
워낙 많은 사람들이 강릉 커피를 좋아해서 이곳으로 많이 오니까요. 커피 축제가 활발하게 진행되면서 커피에 관한 관심이 더 높아진 것 같아요. 그렇게 사람들에게 가까워질 수 있지 않았나 싶어요.

주변 카페들은 프랜차이즈 브랜드로 넘쳐나고 있어요. 커피의 기업화라고 볼 수 있겠죠. 어떤 사람들은 그만큼 커피를 다루는 소명의식이 부족해졌다고 우려를 표하기도 했어요.
커피는 소비자들의 선택이에요. 각자 취향에 맞춰서 고르면 돼요. 자신의 주머니 사정에 따라 판단하는 거죠. 무엇이 더 좋고 안 좋고의 문제라고 말할 수는 없어요. 다만 그런 카페의 소비가 멈춰질 때 그 가게는 살아남을 수 없잖아요. 소비자가 없으면 사라지는 거예요. 카페에서 가장 중요한 것은 커피라는 사실에는 변함이 없어요. 다른 이야기인데, 커피를 안 마시면 집을 살 수 있다, 이런 말이 있더라고요(웃음). 커피 한 잔 아껴서 집을 살 수 있다고 생각하는 사람도 있지만 작은 액수가 쌓여서 큰 금액이 되니까요. 이렇게 커피는 결국 소비자의 선택에 달려 있어요.

커피를 즐기는 사람들의 세대가 점점 낮아지고 있어요. 저는 중·고등학교 때 카페에서 커피를 마시지 않았는데 요즘엔 카페에서 자주 중·고등학생을 볼 수 있어요.
아이들의 현실에서 현재 음료수는 만족을 못 시키는 거죠. 커피는 아이들에게 아주 새로운 문화처럼 보일 거예요. 호기심이 발동하겠죠. 미디어에서 커피를 다루는 모습을 한번 보세요. 우아하고, 여유롭고, 부족한 걸 채워주는 것처럼 보이잖아요.

선생님도 밖에서 커피를 드세요? 수많은 커피를 마셨을 것 같은데, 만족스러운 커피가 있었는지 궁금해요.
가끔 가다 발견해요. 아주 맛있는 커피를요. 세상에 있다는 게 고마운 커피죠. 예전에 일본에 갔을 때 마신 커피는 제가 직접 만든 커피보다 훨씬 맛있더라고요(웃음). 아주 인상적이었죠.

그런 커피를 맛보면 기분이 어떤가요?
저에게 부족한 게 무엇인지, 기술적으로 무엇이 모자라는지 생각하게 되죠. 반성을 하게 돼요.

아직도요?
언제나요. 욕심이라기보다는 그냥 자연스럽게 느껴져요. 더 잘하고 싶거든요.

아메리카노에 시럽을 넣어 마시는 걸 보면서 "그건 진짜 커피가 아니야."라고 말하는 사람들도 있어요. 진짜 커피가 따로 있는 걸까요?
커피를 마실 때 취향을 존중해야 하겠지만, 사실 커피 본연의 맛을 먼저 느끼고 무언가를 점점 추가해가는 것이 좋아요. 커피를 느끼는 바람직한 방식이랄까요?

커피 공장은 어떻게 운영되고 있나요?
저기 보이는 기계들이 전부 로스팅하는 기계예요. 5킬로그램, 10킬로그램, 30킬로그램, 60킬로그램짜리 기계가 있어요. 여름에는 아이스 커피가 제일 인기가 많아요. 쇼핑몰에서 주문받아서 볶은 콩을 보내기도 하고요. 앞으로 개발하고 싶은 건 드립백 커피예요. 사람들이 일상에서 편안하게 커피를 느낄 수 있도록요.

보헤미안은 자유를 상징해요. 카페 이름을 보헤미안으로 지은 이유가 있나요?
이름은 커피를 함께 연구하던 다른 사람이 지어주었어요. 원래 이름은 '인터내셔널 커피 하우스 보헤미안International coffee house bohemian'인데 줄였어요. '보헤미안'은 어디에도 구속받지 않고, 자유롭게 살아가는 삶의 방식이죠. 자기 자신에게 집중하면서 발전해 나가요. 그런 자유로운 사상으로 자신을 행복하게 만드는 지혜를 베풀면서 생각을 행동으로 바꾸는 거예요. 저도 일본에서 한국으로 왔잖아요. 그리고 국내에서도 이곳저곳을 돌아다니고요. 그런 부분이 좀 겹치죠. 그리고 실제로 제가 일본에서 가출을 두 번 했었어요(웃음).

행동파시네요. 앞으로의 계획이 궁금해요.
앞으로는 보헤미안을 경영하면서 조금 더 즐겁게 개발을 하고 싶어요.

저의 마지막 질문이 있어요. '세상에는 000이 너무 많다.'에서 빈칸을 채워주세요.
'판가름'이 너무 많다. 진심이냐 아니냐, 가짜냐 아니냐, 정상이냐 비정상이냐를 판가름하는 일이 너무 많은 것 같아요.

보헤미안박이추커피
A. 강원도 강릉시 사천면 해안로1107
H. bohemian.coffee
T. 033 642 6688
O. 매일 09:00~22:00

강릉의 영롱한 하늘을 닮은 크로스 백
Alder | 허웰 | platformshop.co.kr

버드나무

강릉 한모금

버드나무 브루어리

맥주 한 잔. 이름만 들어도 어쩐지 몸속에 축적된 피로와 걱정이
해소되는 느낌이다. 오늘 처음 만난 사람에게, 밤마다 보고 싶어
지는 사람에게, 오랜만에 옛 추억을 나누고 싶은 사람에게 늘 우
리는 말한다. 우리 같이 시원하게 한 잔해요. 강릉에서 어때요?

에디터 **이자연** 포토그래퍼 **박은진**

공간을
시작하는 일

"여행은 도시와 시간을 이어주는 일이다. 그러나 내게 가장 아름답고 철학적인 여행은 그렇게 머무는 사이 생겨나는 틈에 있다."

– 시인 폴 발레리

여행하는 도시의 낯섦이 익숙함으로 바뀌는 지점을 생각하면 어떤 공간이 떠오르곤 한다. 공간의 풍경으로 지역을 이해하고 생각하고 받아들일 수 있게 되는 것이다. 강릉 홍제동에 위치한 '버드나무 브루어리'는 문을 닫은 강릉탁주양조장을 맥주 양조장과 펍으로 개조한 공간이다. 강릉에서 오랜 시간의 흐름을 고이 간직한 곳이 젊은이들의 손에 닿으면서 새로운 표정을 짓게 되었다. 그렇게 막걸리 공장은 활기를 되찾게 되었고, 버드나무 브루어리를 통해 술의 역사가 이어질 수 있었다.

보통 맥주를 이야기할 때, 외국 술로 생각하는 경우가 많다. 하지만 돌이켜 보면 맥주는 1920년대부터 우리 주변을 채운 술이었고, 당시 수입 주류 중 가장 큰 소비 비중을 차지할 정도로 인기가 높았다. 오늘날에도 맥주는 우리나라 사람들 대부분이 즐기는 대표적인 주류인 만큼 여름밤이나 노곤한 오후에 열렬한 사랑을 받고 있다. 맥주가 한국에 정착하여 오랜 시간을 함께한 것에 비해 한국식 기법으로 만든 수제 맥주가 없다는 사실은 무척 아쉬운 일이었다. 전은경 대표는 버드나무 브루어리의 목적을 다잡았다. 막걸리 공장을 개조하는 것보다 한국형 맥주를 만들기에 적합한 곳을 먼저 찾아보려고 한 것이다. 그렇게 수소문 끝에 강릉탁주양조장을 만났다. 그녀가 오랫동안 마음에 드는 공간을 찾아 헤맨 것처럼, 양조장도 마치 그녀가 오기를 오랜 시간 기다린 것만 같았다.

먹고 마시고
사랑하라

어떤 지역에 가면 그 특색이 그대로 담긴 막걸리가 있다. 생각해보면 새삼 흥미롭고 재미있는 일이다. 사람들이 모여든 곳곳마다 그 지역에서 나고 자란 것들을 이용해서 술을 빚어 즐겼다니, 어쩐지 정겹고 귀엽게 느껴지는 것이다. 마을마다 다른 풍류와 애환을 그대로 술에 담았을 것이고, 동질감과 위로, 축하와 사랑으로 그것들을 아껴 마셨을 것이다. 지역적인 술이 있다는 것은 결국 그곳에 사는 사람들의 이야기가 빚어졌다는 뜻이기도 하다. 이렇듯 전은경 대표는 각 지역마다 다른 막걸리를 보면서, 재료에 따라 직관적인 맛을 내고 파생되는 종류가 다양한 맥주 또한 그렇게 발전할 수 있다고 믿었고, 많은 사람들과 의기투합하기 시작했다.

맥주는 벨기에식 밀맥주, 독일식 밀맥주, 일본식 드라이 맥주처럼 대개 정확한 제조 규정을 갖고 있다. 하지만 한국식 규정은 정확히 정립되어 있지 않기 때문에 한국적인 재료를 가미하면 한국식 맥주를 완성할 수 있을 거라는 생각이 들었다. 이를테면 주로 쓰는 보리와 밀 대신 쌀이 주식인 우리나라의 특성을 생각해서 쌀을 주재료로 한 맥주를 만들기 시작한 것이다. 강릉시 사천면 미노리에서 햇볕과 빗물을 받고 자란 쌀을 이용하기 시작했고, 근래에는 평창 메밀을 이용한 맥주도 판매하기 시작했다. 이런 고민은 결국 맥주의 재해석으로 이어지기도 하는데, 한 예로 오렌지 필과 고수가 들어가는 벨기에식 밀맥주와 달리 산초와 약초를 대신 넣는 방식을 취해보기도 했다.

버드나무 브루어리의 로고를 자세히 들여다보면 강릉을 생각하는 상징들을 찾아낼 수 있다. 솔향 도시를 보여주는 강릉의 솔방울을 비롯해서 전통 술에서 많이 사용되는 국화가 담겨 있고, 맥주의 풍미를 올려주는 커피체리 또한 볼 수 있다. 강릉의 특산물뿐만 아니라 문화적 요소도 함께 이으려고 하는데, 이를테면 강릉의 단오제를 떠오르게 하는 창포 에일이 있다. 단

오 때 창포물에 머리를 감는 전통을 생각하며 석창포를 가미한 것이다. 또한 오죽헌에서 영감을 받아 검은 대나무를 형상화한 오죽 스타우트까지 지역의 이미지를 맥주로 표현했다.

맥주를 변용하는 일은 어떤 의미를 지니고 있을까. 음식을 먹거나 새로운 음료를 접하면서 사람들은 그것에 담긴 문화를 자연스럽게 받아들인다. 그러니 우리가 사케를 마시고, 칵테일을 고르고, 이국의 전통 음식을 음미하는 것은 그 문화를 수긍한다는 의미가 담겨 있다. 그렇게 강릉의 이야기로 새로운 맥주를 개발하는 것은 어느새 버드나무 브루어리만의 특색이 되어 사람들을 연결하기 시작했다. 실제로 수제 맥주는 재료와 비율에 따라 맛이 다양하기 때문에 자신의 구미와 취향에 맞는 맥주를 알아내고 찾아낼 수 있다. 물론 이 시도가 언제나 성공적인 것은 아니다. 이따금 한국적인 재료를 넣으면 예상한 것과 다른 맛이 날 때도 있기 때문이다. 하지만 이 유쾌한 상상과 시도는 그 자체로 의미가 있고, 사람들에게도 즐거움을 전해준다. 무엇보다 기성 맥주에서 느끼기 힘든 다채로운 텍스처와 향, 맛이 사람들의 오감을 자극한다.

버드나무 브루어리는 사람이 채우는 곳이다. 이곳의 우직한 크루들이 강릉으로 여행 온 방문객은 물론이고 동네 주민들과도 금세 친해지고 가까워지기 때문이다. 공간마다 각각의 구성원들은 막중한 책임감을 갖고 공간을 꾸려 나가고, 그 자리에서 만나는 사람들의 얼굴을 그대로 마주한다. 우리가 찾아간 날에는 뒷마당에 작은 항아리가 있었다. 단오제를 맞이하여 투호 놀이가 이뤄지는데 마을 주민 사람들이 종종 이곳에 찾아와 연습한다고 했다. 얼마나 오랜 시간을, 투호를 던지고 웃으며 보냈을까. 분명 이곳에는 사람의 목소리가 묻어 있다.

바람이 불어오는 곳
그곳으로 가네

비밀이라면 비밀이겠지만, 버드나무 브루어리에는 버드나무가 없다. 그렇다면 왜 이름에 '버드나무'가 들어가게 된 걸까. 어느 날, 전은경 대표와 함께 일을 꾸리기 시작했던 한 친구가 말했다. 어떤 문헌을 찾아보니 해모수가 유화부인에게 술을 주어 꾀었는데, 이때 유화부인의 '유'가 '버들 유柳'이고, 이것이 문헌에 등장하는 최초의 술에 대한 기록이라는 것이다. 또한 예부터 나그네가 물을 청하면 급히 마시지 말라고 버드나무 잎사귀를 떼어 주던 이야기에서도, 버드나무의 여유를 되새길 수 있다. 사람들에게 친숙한 이름이면서, 입안이 부드러워지는 어감, 그리고 평온한 시간을 마주할 수 있는 자세까지 포근히 담긴 단어다.

맛과 향이 각각 다른 맥주의 종류가 많아 선택하는 게 어렵게 느껴지던 적이 있다. 구체적으로 세분화된 맥주를 골라 즐기는 게 왜 사람들 삶에 필요할까. 그건 아마 자신에게 다양한 제안을 할 수 있기 때문인지도 모르겠다.

무언가를 경험하기 전에는 몰랐던 자신의 선호와 취향을 정확하게 짚어내면서 결국 내가 어떤 사람인지 알게 되니까 말이다. 맥주 안에 숨겨진 많은 세계를 통해 결국 자기 자신을 이해하는 길로 연결되는 것이다.

무언가를 마시면서 보내는 시간은 대개 깊은 생각을 하는 시간이거나 서두르지 않고 유유자적하는 시간이다. 버드나무 브루어리는 공간 안에서 그 시간을 천천히 흘려보내기로 했다. 동네 주민들에게 낮에는 공간을 무료로 빌려주기도 하고, 맥주와 함께 독서하는 '책맥'을 권하며 혼자 온 사람들을 반기기도 한다. 이곳을 지나다니는 사람들의 작은 사랑방과 같은 역할을 하면서 사람들의 모습을 차곡차곡 쌓아 올리고 있었다. 뜨거운 여름볕이 조금씩 지겨워질 즈음에는 강릉에서 시원한 한 모금 축이고 싶어질 것 같다. 그러면 그때 마음속 버드나무를 한 그루씩 품고 있는 사람들을 떠올리면 된다. 그곳에는 아주 근사한 하루가 기다리고 있을 것이다.

종종 일상의 만성피로와 만성무기력증으로부터 나를 구원해주는 것들을 떠올린다. 탈탈거리며 돌아가는 선풍기
와 배경 음악이 좋은 영화 한 편. 뜨거운 닭꼬치와 이 시리게 차가운 맥주. 지극히 일상적인 것들에서 지겨움을 덜
어낼 수 있다는 게 어쩐지 신기하다. 딱 한 모금으로 활기를 얻을 수 있는 곳이 있다면 그건 버드나무 브루어리다.

버드나무 브루어리
A. 강원도 강릉시 경강로 1961
H. facebook.com/Budnamu

강릉을 여행하는 사람들을 위한 지극히 주관적인 안내서

에디터·포토그래퍼 **이자연**

CAFE

조그만 쉼표
완다맨숀

뙤약볕에 조금 지칠 즈음에는 차가운 것으로 목을 축이고 싶어진다. '완다맨숀'은 교동의 정겨운 아파트 단지 뒤편에 있는 카페다. 하얀 벽면과 여름 바람에 휘날리는 줄전구를 보면 마음이 편안해져 온다. 주인장이 마음 한편을 내어주면서 골랐을 아기자기한 소품도 또 다른 감상 거리가 된다. 사람들은 쉬기 위해 여행을 떠난다. 동난 마음에 샘물을 채우고, 도시에서 느끼지 못하는 자연과 가까워진다. 그런데 여행 중에 또 쉬기 위해 어딘가로 향하는 것은 어떤 의미일까. 여행도 결국 마음과 머리를 내어주는 일이다. 거리를 재고, 지도를 확인하고, 사람의 눈을 마주치는. 오감을 충분히 활용하는 일이 고달프지 않을 리가 없다. 여행도 결국 일인 것을. 그렇게 우리는 여행 안에서도 쉼표를 찾는다. 뜨거운 여름 바람과 더위에 점점 지쳐간다면 완다맨숀으로 향하자. 그곳에는 느긋하고 조용한 시간이 있다. 조금 노곤하고 천천히 흐르는.

TIP. 공간 안으로 그곳 나름의 규칙이 있다. 그곳의 소품을 소중하게 여기거나, 타인에게 불쾌감을 줄 과도한 사진촬영을 하지 않는 것 같이. 조용한 분위기를 누려보는 것도 좋겠다.

A. 강원도 강릉시 교동광장로 171-12
H. instagram.com/wanda_mansion
T. 070 8844 2972
O. 수~월, 11:00~19:00

바다를 껴안은 카페
테라로사

A. 강원도 강릉시 창해로 419
T. 033 644 7075
O. 매일 10:00 ~ 22:00

강문해변으로 가면 파도와 가까운 시간을 보내게 된다. 파도가 만든 짧은 바람에 흩날리는 것들을 보고 있으면 한적함에 푹 빠지고 만다. 바닷바람을 쐬면서 자전거를 타고 마음에 드는 구석을 폴라로이드 카메라로 간직해 보는 것도 마냥 좋을 것 같다. 카페 '테라로사'는 강문해변에서 멀지 않은 곳에서 바다를 정면으로 마주하는 곳이다. 카페 안으로 들어가면 바닷가의 햇볕을 잔뜩 흡수하며 자랐을 풀과 꽃이 무성하다. 큰 창은 강릉의 모든 날씨를 그대로 비추고, 사람들은 드문드문 자기 자리에서 바다를 바라본다. 책장에는 누군가의 손길이 지나간 책들이 가득하고, 주인장은 말없이 책을 읽는다. 너른 바다를 곁으로 껴안은 카페에서는 어떤 일을 해야 좋을까. 가장 좋아하는 향의 원두를 골라 커피를 주문하고, 마냥 창밖을 바라만 봐도 충분할 것이다. 멍해져도 괜찮은 시간의 관대함이 좋다. 그리고 이곳은 그 무엇이든 괜찮다. 충분히.

TIP. 2층으로 이어진 계단에도 '테라로사'라고 적혀 있지만, 2층은 다른 카페다.

무심하고 견고한 백팩
Daypack | 하베르 platformshop.co.kr

따숩고 맑은 맛
소나무집초당순두부

초당마을은 강릉에서 많은 사람들의 꾸준한 사랑을 받아온 곳이다. 이곳에 가면 담백하고 하얀 두부 본연의 고소한 맛을 그대로 느낄 수 있다. 초당마을의 식당들이 보통 2인 이상의 주문만 받아서 난감하던 1인 여행자가 많을 텐데, '소나무집초당순두부'에선 혼자서도, 여럿이서도 맛있게 식사할 수 있다. 부드럽고 따뜻한 순두부에 양념간장을 조금씩 비벼 먹는 순두부백반을 비롯해서 얼큰한 순두부전골, 이색적인 해물짬뽕순두부전골 등이 있다. 무엇보다 숟가락으로 숭덩숭덩 잘라 먹는 모두부는 갓 익은 김치와 함께 싸 먹으면 제맛이다. 소나무집은 순두부로 만든 젤라또도 함께 판매하는데, 쫄깃하고 고소한 정통 젤라또를 맛볼 수 있다. 오리지널 순두부 젤라또와 인절미 젤라또, 아로니아 젤라또 등 천연 재료를 이용한 이색 젤라또가 기다리고 있다. 따뜻하게 속을 데웠으면 시원하고 상큼한 디저트로 입가심하는 걸 추천한다.

TIP. 더운 날씨에 남은 두부를 포장했다가는 상할 수 있으니 주의해야 한다. 앉은 자리에서 최대한 많이 먹을 것을 추천한다. 어차피 맛있는 건 0칼로리!

A. 강원도 강릉시 초당순두부길 95-5
T. 033 651 1356
O. 수~월, 07:30~20:00

OUTDOOR

등대의 뒷모습
강릉항

등대를 보고 있으면 이유 없이 기분이 차분해진다. 등대가 탄생한 이유가 바다를 곁에 두고 어두운 밤 사이 사람들을 지키기 위해서라면, 홀로 맞설 외로움의 무게가 그대로 느껴지기 때문이다. 강릉항에선 무수한 사람들이 길고 긴 밤 등대의 위로를 받는다. 제 몫을 다한 배들은 항구에서 휴식을 취하고, 낮 동안 조용하던 항구는 그곳을 찾은 사람들로 소란스럽다. 어떤 이는 낚싯대와 의자를 챙겨 낚시를 하고, 또 어떤 이는 벨을 울리며 자전거를 탄다. 커피빵을 판다는 커다란 간판 아래로 구수한 빵 냄새가 올라오고, 파도 소리는 조금씩 멀어졌다 가까워졌다를 반복한다. 빨간 등대와 하얀 등대가 서로 얼굴을 마주 보고 있다. 그림처럼 보여서 멀찍이 서서 한참을 바라보았다. 등대의 뒷모습이 낯설지 않다. 서울에서 저 뒷모습과 비슷한 모습을 여러 번 봤기 때문일까. 강릉항으로 향하는 동안, 내 그림자의 키를 계속해서 쟀다. 이곳에도 시간이 흐르고 있었다.

A. 강원도 강릉시 창해로14번길 51-26

TIP. 방파제에 붙어 사는 갯강구가 뽈뽈뽈 거리를 돌아다닌다. 너무 놀라지 말고 잘 피하면 된다.

혼자도 충분한
카페 안목역

A. 강원도 강릉시 창해로2번길 2
T. 010 9701 3292
O. 매일 11:00~24:00

안목 커피 거리로 향하는 버스들이 모두 모이는 종착역. 그 앞으로 작은 카페 하나가 있다. '카페 안목역'은 작은 간이역을 닮아 있다. 많은 것이 이곳을 스쳐 지나갔을 상상을 하면 더더욱 말 없는 공간의 힘을 느끼게 된다. 큰 창으로 볕이 넓게 퍼져 들어오고, 잎사귀가 바짝 마른 꽃을 바라보며 조용히 보내는 시간이 충분히 느껴진다. 갓 구워져 나온 따뜻한 체코 전통 빵 뜨르들로Trdlo는 차가운 아이스 커피와 잘 어울린다. 카페 바깥으로 나가면 마을로 가는 길과 해변으로 이어지는 길이 보인다. 작은 나무 화살표가 길을 알려주니 어렵지 않게 찾아갈 수 있다. 바다를 보기 위해 길을 돌아서면 좁은 골목길이 나오는데, 옹기종기 모여 있는 키가 작은 집들을 보게 된다. 이름 모를 사람들의 삶이 담겨 있는 거리다. 벽 위로 누군가 허리를 굽혀 그려 두었을 벽화가 남아 있어 그림 뒤편의 이야기를 상상하는 것도 좋겠다.

TIP. 커피만큼 맥주도 맛있다. '낮맥' 하기 좋은 곳.

PLACE

고즈넉한 전통의 시선
오죽헌

그 지역이 오랜 시간 지켜온 것을 둘러보는 일도 여행의 큰 묘미다. 박물관과 미술관을 찾는 것도 그런 의미에서 출발한 게 아닐까. 내가 살지 않던 시절의 것들을 둘러보고, 그 지역의 전통을 들여다보는 것 말이다. '오죽헌'은 신사임당과 율곡 이이가 태어난, 신사임당의 친정집으로 조선 중종 때 건축된 건물이다. 한국 주택건축 중에서 가장 오래된 건물에 속해서 옛날 사람들의 주거 형태와 삶의 방식을 이해하고 지켜보는 데 좋은 곳이다. 뒤뜰에는 줄기가 손가락만 하고 색이 검은 대나무가 자라고 있어 이름이 오죽헌烏竹軒으로 붙여졌다고 한다. 이곳에선 무리 지어 다니는 사람들을 종종 보게 된다. 아마 학교에서 견학을 왔거나 관광을 와서 설명을 듣고 있는 것 같다. 오죽헌은 계속해서 사람들이 빈틈을 메운다. 목소리와 말소리, 웃음소리가 저 멀리로 퍼져 나가고, 오죽헌의 이야기가 그렇게 강릉 안으로 이어지고 있다는 것을 깨닫게 된다.

A. 강원도 강릉시 율곡로3139번길 24

TIP. 가파르고 높은 계단이 꽤 있다. 발이 편한 신발을 착용하자.

손을 찾는 곳
중앙시장

A. 강원도 강릉시 금성로 21

시장에 가면 사람의 동력을 느낀다. 활기와 생기, 말에서 오는 정겨움이 듬뿍 묻어나는 곳이니 말이다. '중앙시장'은 강릉에서 가장 큰 규모의 시장으로 다양한 것들을 거래한다. 강릉의 명물인 각종 해산물과 건어물, 약초와 청과물이 넓게 자리하고 있기 때문이다. 물건도 중요하지만, 사실 시장은 사람들과 이야기를 나누는 것만으로도 충분히 재미있는 곳이다. 하루는 중앙시장에서 터줏대감 같은 떡볶이집에 들렀는데, 어떤 손님이 순대를 포장 주문했다. 그러면서 빈혈이 있으니 간을 많이 넣어달라고 덧붙였다. 주인장은 수치가 얼마나 되는지 되물었고, 아주머니의 답변으로 그녀의 빈혈 수치가 꽤 높다는 것을 엿듣게 됐다. 그러자 순대 위로 한 뼘이 넘는 높이로 간을 꾹꾹 눌러 담던 주인장이 무덤덤한 목소리로 말했다. "그건 간으론 안 돼요." 정말이지 시장은 사람 냄새가 난다.

TIP. 지하에 내려가면 포장 회를 판매하는 곳이 있다. 날마다 어류가 다르고, 가격도 천차만별이니 달변가가 되기 위한 연습을 하고 가자.

바다의 목소리
안목 해변

인간은 하늘에 갈 수 없어 바다에 간다고 했다. 조금 느끼하지만 이 말이 어쩐지 좋다. 바다는 위로의 공간이다. 여기저기서 상처를 받고 생채기가 채 아물지 못한 사람들이 바다로 모여드니까 말이다. 돗자리나 천을 깔고 자리를 잡은 사람들은 모래알 수만큼의 이야기를 꺼낸다. 바다가 수 없이 받아준 이야기를 상상하면 그 깊이를 가늠하게 된다. 날씨와 상관없이 바다는 사람들을 기다린다. 우리가 해야할 일이 있다면 조용히 바다를 감상하고 자유로운 마음을 갖는 것뿐이다. 그것만으로 충분하다. 해변 뒤편으로 카페들이 한데 모여 있는데, 강릉의 유명한 커피를 아름다운 바다 풍경과 함께 즐길 수 있다. 안목해변으로 향할 때 가장 좋아하는 노래를 선곡해 두면 어떨까. 노래 가사를 곱씹어보다가 언젠가 그 노래를 다시 들었을 때, 이곳이 선명하게 기억날지도 모른다.

A. 강원도 강릉시 창해로14번길 20-1

TIP. 뜨거운 햇볕을 피하기 위하여 선크림은 필수다. 반드시 목뒤까지!

강릉 사람이 추천하는
장소들

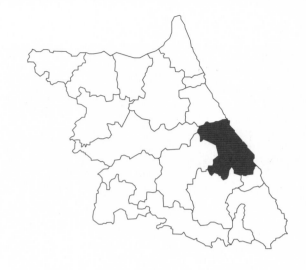

01 연곡해변

A. 강원도 강릉시 연곡면 동덕리 142-1
T. 033 660 3682

"시끌벅적한 해변이 싫다면 연곡해변으로 떠나보세요. 커피와 아주 잘 어울리는 조용한 해변이죠. 얼마나 조용한지 편의점 하나, 구멍가게 하나 딱 두 개의 상점밖에 없답니다."

– 바리스타 박이추

02 장안횟집

A. 강원도 강릉시 사천면 진리항구길 51
T. 033 644 1136

"물회가 맛있기로 유명한 강릉에서, 사천 물회마을은 현지인 사이에도 아주 유명한 곳이에요. 여기 오징어가 정말 탱글거려서 맛있어요."

– 카페 파트타이머 김지예

03 달떡볶이

A. 강원도 강릉시 금성로 16
T. 033 642 7123

"매워도 땀 흘리면서 마냥 먹게 돼요. 핫도그 주면 창문 앞에 설탕 통이 있는데 거기다가 설탕 발라서 먹으면 진짜 맛있어요. 계란 핫도그도 있어요."

– 버스정류장에서 만난 여학생

04 짬뽕1번지

A. 강원도 강릉시 송정길2번길 13
T. 033 652 1007

"강릉이 또 3대 짬뽕이 유명한데, 그중 여기가 제일 나아요. 매운맛이 강렬해서 중독성이 강해요. 짬뽕이 가져야 할 덕목을 다 갖췄어. 개인적으로 짬뽕밥이 맛있어요."

– 택시기사 박일원

05 손가네청국장

A. 강원도 강릉시 강릉대로 298
T. 033 646 0799

"유명하진 않지만 청국장 백반에 반찬이 한가득 나와요. 청국장 콩을 아주 좋은 걸 쓰나벼."

– 택시기사 박일원

06 싸전

A. 강원도 강릉시 금성로 54
T. 033 642 9056

"무려 40여 년의 전통이 있는 빵집이에요. 슈크림, 고로케, 팥소보로, 기본에 충실한 빵집이죠. 특히 고로케하고 야채빵이 유명한데, 재료를 아끼는 일이 없거든요."

– 오죽헌 입장관리인 김승일

07 풍년갈비

A. 강원도 강릉시 강릉대로587번길 10-5
T. 033 651 9245

"풍년갈비는 역시 돼지갈비가 제대로예요. 말로 더 표현 못 해요."

– 루이스호텔 김경수

08 숲속집

A. 강원도 강릉시 성산면 칠봉로 15-7
T. 033 641 9122

"이 순댓국밥집은 진하고 구수한 국물에 누린내도 전혀 없어 언제나 그릇 바닥을 보게 돼요. 이름에 걸맞게 숲속에 있답니다."

– 버드나무 브루어리 전은경

09 순긋해변

A. 강원도 강릉시 안현동
T. 033 640 4414

"'Soon good'이 떠오르는 이름 덕에 차를 세운 적이 있어요. 한적한 해변에 머물고 싶을 때마다 찾는 곳이기도 해요. 곧 '순긋'이라는 이름의 맥주도 만들려고요."

– 버드나무 브루어리 전은경

한여름의 크리스마스

강원으로 모여요

뜨거운 태양으로 바닷물이 보글보글 끓어오른다. 장난꾸러기 여름 바람은 계속해서 반짝이는 바닷물 위로 커다란 너울을 만들어 들쑥날쑥 헤집어 놓았다. 소나무는 엉덩이를 씰룩씰룩하더니 솔방울로 큰 가랜드를 만드는데, 그 솔방울을 탐내는 새들과 싸우느라고 애를 먹었다. 구름은 나뭇잎 초대장을 받아 이리저리 배달하느라 쉴 틈이 없다. 어쩐지 모두가 들떠 있는 이 분위기. 오늘은 여름 맞이 크리스마스 파티가 열리는 날이다. 다람쥐와 청설모는 솔방울과 도토리를 데굴데굴 굴리며 뚱땅뚱땅 노랫소리를 만든다. 분위기 좋고, 풍경 좋고, 맛난 음식이 한가득 쌓이니, 이거야 말로 우리 모두의 크리스마스다.

에디터 이자연 일러스트 배중열

산새와 노루, 반달곰과 여우, 토끼와 독수리, 개와 고양이가 제자리를 찾아 앉았다. 북적거리는 말소리 뒤로 모두가 상기된 얼굴을 하고 있었다. 각기 가져온 음식들을 테이블에 올려두고 이른 저녁을 나눌 참이었다. 다람쥐가 가져온 붉은 산수유는 물기를 촉촉하게 머금고 있었다. 노루가 한 입 베어 물고서는 배시시 웃었다.

"얘, 그만 쩝쩝대고 먹어. 너 참 입을 많이 움직이면서 먹는다." 토끼가 톡 쏘듯 말했다. 노루가 오물오물 입을 움직이는 소리가 조금 거슬린 모양이었다. 그때 반달곰이 챙이 넓은 멋진 신사 모자를 쓰고서는 나뭇가지 마이크를 들었다. 크리스마스 맞이로 진행한 마니또를 공개할 시간이 된 것이다. "아아!" 마이크를 들고 목을 가다듬었지만 모두 이야기를 하느라 바빴다. "다들 주목해주세요." 그제야 모든 동물 친구들이 반달곰이 있는 쪽을 바라보았다. 시계 방향으로 마이크를 들고 자신이 마니또에게 어떤 선물을 받았는지 말한 뒤, 추측한 동물을 손가락으로 멋지게 가리키면 된다. 정답을 맞히면 솔방울 가랜드가 진실의 종처럼 댕글댕글 울리고, 맞추지 못하면 머리 위로 소낙비가 내릴 것이다.

먼저 다람쥐가 마이크를 받았다. "저는 이틀 전, 구름을 통해서 목화솜으로 만든 담요를 선물로 받았어요. 춘천 섬배마을에서 나고 자란 목화로 만든 것이더라고요. 정말 감사합니다. 이번 가을과 겨울에 잘 끌어안고 동면에 취할게요. 제 생각에 이 담요는 여우님이 만들어주신 것 같아요. 왜냐면 손가락이 야물어서 바느질을 꼼꼼하게 할 수 있는 것은 여우님뿐이니까요." 그러자 솔방울 가랜드가 힘차게 소리를 냈고 동물들은 짤깍짤깍 손뼉을 쳤다. 여우는 부끄럽다는 듯 뒤통수를 긁으며 일어나 한 차례 인사를 하고 자리에 앉았다.

다음은 산새였다. "저는 이번에 인제에서 정기를 받고 자란 여린 고사리를 선물 받았어요. 저희 어머니가 고사리의 달고 고소한 맛을 무척 좋아하시거든요. 근래 몸이 안 좋아서 병치레를 하고 계셨는데, 고사리 드시고 밝게 웃으시더라고요. 정말 감사합니다. 제 생각에 이 고사리는 독수리님께서 놓아주신 것 같아요. 독수리님이 날카로운 발로 고사리를 잘 채집하실 것 같거든요." 그러자 또 솔방울 가랜드가 즐거운 소리를 냈다. 독수리가 큰 날개를 펼치더니 소감을 말하려고 일어났다. "인제 고사리가 정말 맛있죠. 인제 신나시길 바랍니다." 그러자 나무에서 소나기구름이 모락모락 자라더니 독수리를 향해 빗줄기를 내렸다.

"에잇, 이게 뭐야!" 예상하지 못한 빗줄기에 독수리는 놀라 공중으로 뛰어올랐다. 동물들은 입을 크게 벌려 다 같이 크게 웃었다. 소나무가 방긋 웃으면서 말했다. "농담이 재미없는 벌이에요!" 저녁이 점점 내려앉고 있었다.

이제 고양이 차례였다. 고양이는 오늘따라 말이 별로 없었다. 입맛도 없는지 깨작거리면서 음식을 먹었다. 들리는 소문으로는 근래 주인을 잃고 동물 마을에 들어온 고양이라고 했다. 마음씨 좋은 아주머니들에게 고양이와 강아지 사료를 받아 근근이 살아가고 있다고 한다. 그는 의기소침해 보였고, 목소리도 입가에 맴돌았다. 어느 누구는 버림받은 거라고 했고, 또 어느 누구는 길을 잃어 주인을 찾지 못한 거라고 했다.

"저는 사실 이번 마니또에 참여를 못 한 것 같아요. 어느 누구에게도 선물을 주지 못했고, 제가 받은 것도 없었거든요. 다음에 기회가 된다면 여러분들이 가져온 것처럼 강원에서 나고 자란 아름답고 좋은 선물을 준비하겠습니다."

말이 끝나자 잔치 분위기는 조금 침울해졌다. 다들 말을 잇지 못했다. 박수를 치는 이들도 없었다. 고양이는 미안한 표정을 지으며 어쩔 줄 몰랐다. 그때였다. 저기 먼 밤나무 뒤편으로 누군가 찾아온 듯한 소리가 들렸다. 낙엽이 바스락거리며 작은 발자국 소리가 난 것이다. 작은 여자아이였다. 똑단발에 볼이 동그마니 붉게 올라온. 근처 산골 마을에서 본 적이 있는 아이였다. 산새는 포르르 날아가 아이에게 여기에 어떻게 오게 됐는지 물었다. 그러자 여자아이가 말했다.

"이것을 받았어요."

작은 편지였다. 그 안에는 오늘 크리스마스 파티에 관한 짧막한 이야기와 꼭 와달라는 글이 써 있었다. 글을 갓 배우기 시작한 듯 삐뚤빼뚤한 글씨였다. 여기서 글을 읽고 쓸 줄 아는 것은 강아지밖에 없었다. 사람들과 가까이 살아서 먼 조상인 서당개처럼 글을 제법 읽고 쓸 줄 알기 때문이다. 강아지는 귀를 축 내리고 조금 불쌍한 표정을 지으며 말했다.

"고양이를 처음 본 날 저 아이의 냄새가 났어요. 아마 저 아이와 함께 살지 않았을까, 싶었거든요. 이 크리스마스 파티에 사람이 와서는 안 된다는 이야기는 없길래……."

여자아이는 고양이를 발견하자마자 달려가 푹 끌어안았다. 고양이가 말없이 눈물을 줄줄 흘렸다. 솔방울이 춤을 추면서 아름다운 소리를 냈고 많은 동물들이 자리에서 일어나 손뼉을 쳤다. 하늘 위로 달이 조금씩 차오르고 있었다. 저녁이 내려왔다.

솔방울에는 작은 불빛이 켜졌다. 저녁이 오고도 날은 아직 밝았다. 여름의 저녁은 다른 계절보다 조금 천천히 내려오니까. 강원의 산등성이에는 이름 모를 크고 작은 동물들이 산다. 그리고 이렇게 뜨겁고 아름다운 계절을 맞이하여, 그들은 작고 신나는 파티를 연다. 아무도 모르는 비밀이지만, 나도 모르는 사이에 초대를 받을지도 모른다. 그럴 땐 가장 좋아하는, 강원에서 나고 자란 것을 선물할 궁리만 하면 된다. 그거면 충분하다. 아참, 마이크를 들고 동물들 앞에서 이야기를 할 배짱도 같이.

양양으로 간다

If everybody had an ocean, then everybody'd be surfin'

서퍼들은 파도를 따라서 양양으로 간다. 파도가 썩 좋지 않은 날에도 양양에서의 시간은
풍만하다. 그곳에는 바다가 있고, 마을과 거리는 서핑을 은유하고 있기 때문이다.

글·사진 이재위

일상의 서핑

지난 주말에도 양양에 다녀왔다. 주말에는 파도 소식이 있으면 양양으로 간다. '윈드 파인더Wind Finder'라는 스마트폰 어플리케이션으로 파도의 크기와 방향을 가늠할 수 있다. 서핑은 6년째 하고 있다. 부산의 로컬 서퍼인 허석환과 양양 기사문 해변을 찾았다가, 서퍼스라는 서핑숍에서 강습을 받았다. 처음에는 넘실대는 파도 위에서 아무것도 할 수 없었다. 서프보드 위에 올라서기는커녕 앉아 있기도 힘들었다. 그래도 잘해보고 싶었다. 나 역시 조금은 유행을 좇아서 서핑에 빠져들었다. 〈독타운의 제왕들〉, 〈폭풍 속으로〉 같은 영화 속 서퍼들의 모습도 쿨해 보였다. 그러나 지금, 나에게 서핑은 한순간의 취미가 아니라 삶의 속도를 늦추는 생활 양식이다.

서핑을 하기 위해 한 달에 두 번 정도 양양을 오간다. 일 년에 한 번쯤은 호주, 발리, 일본으로 서프 트립을 다녀온다. 양양 말고 부산이나 제주도로도 서핑을 하러 간다. 그러나 양양은 나처럼 서울에 사는 서퍼들이 찾아가기에 접근성이 가장 우수한 서핑 포인트다. 나는 대개 토요일로 넘어가는 새벽 5시쯤 양양으로 출발한다. 주말까지 교통 체증으로 스트레스를 받고 싶지는 않기 때문이다. 한적한 고속도로를 천천히 운전해서 간다. 속도는 시속 100킬로미터를 넘지 않는 편이다. 그래도 두 시간이면 목적지에 닿는다. 서울양양고속도로는 터널이 많아서 라디오는 수신이 불안정하고, 조용한 음악을 들으면서 이동한다. 아무것도 듣지 않고 지난 주중에 생긴 일을 돌이켜 보기도 한다. 굳이 빨리 갈 필요가 없다. 잠을 몇 시간 못 잔 상태지만 졸리지는 않다. 약간 들떠 있기 때문이다. 차 안에는 서핑 장비가 한가득 실려 있다. 웨트슈트에서 나는 고무 냄새, 서프보드에 발라놓은 왁스 향기마저 달콤하게 느껴진다. 아내와 반려견과 동행할 때도 많다. 아내는 서핑을 하지 않지만, 바다가 잘 보이는 카페에서 시간을 보낸다.

때로는 서핑이란 말이 무색할 만큼 파도가 작아도 바다에 들어간다. 그리고 서프보드에 앉아서 양양의 바닷가 마을을 바라본다. 그러면 어느 가게가 새로 생겼는지, 사람들이 해변에서 뭘 하고 노는지 한눈에 알 수 있다. 몇 해 전 겨울에는 기사문 해변에서 폭설을 만났다. 하늘도, 해변도, 바다도 하얗게 눈을 맞고 있었다. 파도는 거칠고 두꺼웠다. 그래도 서핑을 했다. 너울이 나를 무등 태우듯 높이 올려다 주었다. 마을 쪽을 바라보니, 한 가게의 지붕 너머로 눈을 맞고 있는 설악산이 보였다. 소나기가 내리고, 천둥 번개가 칠 때도 바다에 있었다. 날씨의 변덕이 심한 날에는 파도를 잘 타고 못 타고가 중요하지 않다. 그저 자연의 흐름 속에 있다는 기분이 든다. 그리고 같이 바다에 떠 있는 한 무리의 서퍼들과 연대하고 있다는 생각도 든다. 음악 축제에서 떼창을 하는 무리 속에서, 집회에 나와 밤새 서 있는 수만 명의 무리 속에서 같은 기분을 느껴본 적이 있다. 바다에서 아는 형, 동생을 만나면 크게 소리쳐서 부른다. 하나같이 얼굴이 까맣고, 머리카락이 길고, 작은 근육이 도드라진 사람들. 우리는 서로 바라보며 웃고, 다시 파도에 집중한다. 바다에서 울상인 사람은 본 적이 없다. 이런 시간과 공간 속에서는 누구나 풍만하다.

서퍼의 가게

동해안을 따라서 양양에만 동호, 기사문, 동산, 죽도, 인구, 남애 등의 서핑 포인트가 있다. 이 중에서 서퍼들로 가장 붐비는 서핑 포인트는 죽도 해변이다. 불과 몇 년 전 죽도의 풍경과 지금은 무척 다르다. 내가 처음 이 마을을 찾아왔을 때만 해도 거리는 일 년 내내 조용했고, 서핑숍은 세 손가락 안에 꼽을 정도로 적었다. 요즘은 거리 어디에나 크고 작은 소요가 있다. 서핑숍은 수십 개도 넘는다. 주민들이 살던 민가는 매년 서핑숍, 게스트하우스, 카페, 식당으로 변했다. 이제는 죽도 어디를 가든 공사 중인 건물을 찾을 수 있다. 그리고 전주 한옥마을이나 강릉 카페거리처럼 관광객이 찾아온다.

서퍼의 가게에는 특별한 분위기가 있기 때문일까? 가게 안으로 들어가 보면 세계 각국의 서핑 포인트에서 가지고 온 기념품이 가득하다. 탁자 한쪽의 향에서는 끊임없이 연기가 피어오른다. 가구와 소품들은 주인이 어떤 서퍼인지 말해준다. 어떤 스타일의 서프보드를 선호하는지, 외국 어느 지역으로 주로 서프 트립을 떠나는지 가게를 찬찬히 살펴보면 알게 된다. 때때로 이태원 술집처럼 취한 사람들로 가득 찬 가게 앞을 지나며 애틋하고 아까운 생각도 든다. 성수기 주말에는 친한 가게 주인들과 인사 한마디 나누기 힘들 만큼 번잡해졌다. 그래도 여전히 서퍼의 가게가 있기 때문에 바다에서 나와 마을을 서성인다.

죽도 해변과 인구 해변 사이에 '레트로션'이라는 만화방 겸 레트로 게임방을 차린 이원택은 20대에 일본에서 프로 스노보더로 생활했다. 그는 스노보더이자 일본 문화의 열혈 팬이었다. 특히 만화, 게임, 영화 등을 좋아했다. 그 당시 이원택이 수집한 만화책과 레트로 게임기가 수백 권, 수십 개가 넘었다. 이것들로 지금의 레트로션을 만들었다. 이원택은 서핑을 하지 않는 서퍼의 가족을 위해 이 공간을 만들었다고 한다.

레트로션처럼 양양의 가게에는 고유한 주인의 취향이 있다. 벽에 서프보드가 걸려 있어야 서퍼의 가게는 아니다. 송규호의 스톤피쉬, 장용진의 슈러스서프, 김봉철의 싱글핀 에일웍스, 박성진의 파머스키친은 서퍼의 가게다. 그들은 그림 같은 파도가 들어오는 날에는 문을 닫고 바다로 나가서 서핑을 한다. 그리고 오픈 시간이 한참 지난 저녁이 돼서야 가게에 불을 켜고 손님을 맞는다. 서핑은 그들이 이곳에 온 이유이기 때문이다. 그들은 파도를 따라서 움직이는 삶을 선택했다.

서퍼 손님들은 가게의 공기와 주인의 표정으로 서로가 연대하고 있음을 안다. 이곳에서는 사소한 일로 짜증을 내거나, 누군가를 헐뜯거나, 시간이 없다고 발을 동동 구르는 일이 없다. 그 대신 서퍼들은 나무로 만든 의자에 앉아서 오늘과 내일의 파도에 대해서 이야기를 나눈다. 우리는 다음 주에도 (파도 소식이 있다면) 양양에서 만나겠지. 그리고 한 동네에서 태어난 고향 친구들처럼 아무 가게에나 들어가 시간을 보내겠지. 커피를 마시고, 담배를 피우고, 파도 이야기를 나누면서 말이다.

아름다움을 말하는 일

I AM NOT A PHOTOGRAPHER

여러 선택을 통해 지금을 만들어왔다. 가끔 뒤를 돌아보면 다른 선택이 궁금해질 때가 있다. 만약 반대편으로 갔다면 지금 무엇을 하고 있을까. 강원도의 어느 바닷가에 앉아서 음악을 듣다가 잊고 있던 기로를 떠올려봤다.

글·사진 박선아

그 시절에는 내 눈에
아름다운 사람이 되는 일이 중요했다

대학을 졸업할 무렵에는 유학을 준비했다. 3, 4학년이 되면 지도교수나 상담사와 진학이나 취업 상담을 한다. 외국에 가서 무엇을 공부할 거냐는 질문에 "미학이요."라고 답을 하면 "왜?"라는 질문이 돌아왔다. 미학은 미와 예술을 대상으로 하는 학문이다. 당시 나는 예술의 아름다움, 특히 사진 미학에 빠져 있었다. 학교가 끝나면 홍대 근처에 와서 사진 미학 수업을 들었고, 서울의 갤러리 지도를 만들어(스마트폰이 없던 때라 어딜 가려면 집에서 인터넷으로 위치를 확인하고 약도를 그린 뒤 찾아가야 했다) 전시를 보러 다녔다. 대학 도서관 예술과학자료실에서 아르바이트를 하면서 틈틈이 사진집을 들여다보고 거기에서 구할 수 없는 책은 돈을 모아 사들였다. 그런 일을 하고 있으면 내가 아주 특별한 사람이 된 것 같았다. 평소에는 우주의 먼지, 라고 생각하며 지내다가도 그런 것들에 빠져 있을 때만큼은 나 혼자 우주의 비밀을 알고 있는 것처럼 느껴졌다. 아무도 알아주지 않고 봐주지 않았지만, 그 시절의 나는 내 눈에 아름다운 사람이 되는 일이 가장 중요했다. 그때 알던 어떤 오만함을 평생 잊지 않고 싶었는데, 요즘은 자주 잊어버린다.

그렇게 미학을 즐겼지만 그걸로 무엇을 해야 할지는 분명하게 알지 못했다. 공부를 더 하고 싶은 이유가 취업이나 현실적인 목적과 연결되지 않았

기에 어른들의 질문이 시작되면 멈추기 어려웠다. 미학이나 철학 같은 인문학은 언제부턴가 '이유'가 필요한 학문이 된 것 같다. "요즘 같은 세상에 미학을?", "돈도 많이 들 텐데 유학을 다녀온 다음엔 무엇을 하려고?", "취업 잘되는 학부 전공을 두고 굳이?" 답하는 일은 매번 귀찮았다. 설득하기를 포기하고 짧고 단호하게 "사진 갤러리의 큐레이터가 되고 싶어요." 하면 대부분 "그렇구나." 하고 그 대화를 놓아주었다.

유학에 필요한 서류를 준비하다가 집에 일이 생겼다. 우선 가족 곁에 머물기로 했다. 사회생활을 하다가 그만두고 떠나도 되는 거니까, 하고 잠시 내려놓았다. 마련해놓은 서류는 대부분 쓸모없는 종이가 되었는데, 그중 토플 점수는 이력서에 넣을 수 있었다. 잡지사에 면접을 보러 갔을 때, 한 면접관이 토플 점수에 대해 질문을 했다. "다들 토익 점수를 썼는데, 선아 씨만 토플 점수를 썼네요. 잘 몰라서 그러는데 영어를 어느 정도 해야 이 점수가 나오는 건가요?", "외국 대학에 원서를 넣을 수 있을 정도입니다." 답을 하다가 눈물이 날 뻔했다. 아주 잠시, 였고 그 뒤로 회사를 즐겁게 다녔다. 그때 좀 이상한 질문을 한 면접관은 둘도 없는 선배가 되었고, 학교에서는 마주치지 못했을 여러 일과 사람들을 회사에서 만났다.

121

꺼내기 부끄럽지만 가끔씩
꺼내고 싶은 단어

지난가을, 춘천에서 열리는 한 재즈 페스티벌에 갔다. 재즈를 들으며 와인을 세 병이나 마신 바람에 취했다. 필름이 끊겨서 강원도에서 서울까지 어떻게 돌아온지 잘 기억나지 않는다. 기차에 토하는 바람에 친구가 곤란했다는 사실과 춥고 졸렸다는 것만 어렴풋이⋯. 친구는 취한 나를 동영상으로 찍어두었고 영상 속의 나는 퀴즈를 냈다. "있어도 그만이고 없어도 그만인데, 오늘 같은 밤에 있으면 너무 좋은 것은?" 친구가 몇 가지 답을 할 때마다 "땡!"을 외치더니 마지막에 정답을 예술이라 말한다. 친구는 예술병에 걸렸다며 웃고 나는 너무 좋다며 깔깔거리고 웃는다. 세상에, 예술이라니. 술이 깨고 보니 어찌나 부끄럽던지. '예술'이란 단어를 입 밖에 내는 일은 왜 이렇게 쑥스러울까. 그런 마음을 무릅쓰고 술김에 한 번 꺼내 보고 싶은 이유는 또 뭐람.

이번 봄에는 또 다른 음악 페스티벌이 속초에서 열렸다. 평소에 보기 힘든 뮤지션들의 공연이 있었기에 망설임 없이 강원도까지 다녀왔다. 무대 바로 앞에서 막걸리를 마시며 음악을 듣다가 메모장에 이런 말을 적어두었

다. '아, 이런 기분을 느끼고 싶어서 공연장에 오는 거였지.' 유학을 마음먹던 어린 나는 아마 이 비슷한 기분에 취해 있었을 거다. 우주는 너무나 이상했고, 그 가운데 사는 나와 타인은 모두 외로워 보였다. 누구에게도 말 못 할 감정을 문학이나 음악, 사진, 영화 같은 것들이 이해해줬다. '세상에 이런 생각을 하는 사람이 나만 있는 것은 아니구나. 그 형용하기 어려운 마음들을 이런 아름다움으로 만드는 예술가들이 세상에 이렇게나 많이 있구나.' 어느 공연장에서 영혼이 털리는 음악을 듣거나, 뮤지엄에서 한 장의 사진이나 그림에 시선을 빼앗기고, 헌책방에서 우주를 뒤져도 없을 것 같던 책을 한 권 찾고, 그 안에서 내 마음과 크기가 딱 맞는 문장이나 단어를 발견했을 때⋯. 그런 느낌을 모아 하나로 뭉치면 로또에 당첨되는 기분과 얼추 비슷할 것 같다. 막상 복권에 당첨되면 더 기쁘거나 오히려 덜 행복할 수도 있으려나. 그런 행운이 따른다면 물론 좋겠지만 예술에 취한 드문 밤에는 그런 것 없이도 배부르게 잘 수 있다.

그럼에도 삶은
예술과 닿아 있어서

유학을 포기한 뒤로 시간이 꽤 흘렀다. 그동안 두 곳의 회사에 다녔고 밥벌이로 할 줄 아는 일이 몇 생겼다. 가끔 궁금하다. 그때 공부를 더 했으면 지금 나는 무엇을 하고 있을까. 그런 게 아쉬워지면, 대학 때 공부하던 책이나 백과사전 혹은 인터넷에서 '미학'과 '예술' 같은 단어를 찾아본다.

"미학이란 학문은 미 및 예술에 관한 예지적 감상에서 나오게 된 것이다. 미학은 자연 및 인생에 있어서의 미적 현상 내지 예술 현상에 대한 경탄 marvel과 경이에서 비롯된 것이다."
"'art'는 그 원어인 라틴어의 'ars'가 '조립한다.', '연구한다.'라는 의미를 가지며, 'kunst'는 본래 '알고 있다.', '할 수 있다.'라는 의미의 'können'에서 나왔듯이 모두 곤란한 과제를 잘 해결할 수 있도록 특별히 숙련된 기술을 지칭하는 것이다. 따라서 이들 단어는 예술과 더불어 수공 handwork, handicraft을 비롯한 여러 실용적 기술을 포괄하며, 'kunst'는 옛날에는 학문, 지식, 지혜의 뜻으로도 쓰여졌다고 한다. 이 넓은 뜻의 'kunst'와 'art(재간 교묘)'에서 차차로 좁은 뜻의 '예술'에 한정되게 된 것이다.
— 미학Aesthetics, 〈네이버 지식백과, 학문명백과: 인문학〉

사전을 찾아보면 안심이 된다. 지금의 삶이 그 단어들과 아주 멀리 있지 않다. 해온 일들은 여러 예술과 밀접하게 닿아 있고, 진지하게 아름다움이나 예술이란 단어를 두고 떠들 수 있는 친구들도 생겼다. 취해서 시를 읊거나, 어느 소설의 구절을 옮겨 적어 메일로 보내기도 하고, 전시회를 보러 다니고, 서로가 애타게 찾던 절판된 음반이나 헌책을 어렵게 발견해 선물한다. 미학에 대한 책을 여러 권 쌓아두고 도서관에 혼자 앉아 있던 어린 내가 그리던 일들, 그것들을 완벽하게 이루진 못했지만 몇 장면은 그 시절의 상상보다 근사해졌다. '나는 사진가가 아니야'라는 제목을 앞세워 사진에 대해 이야기하고, 좋아하는 사진가들의 전시를 찾아다니고, 여전히 사진을 둘러싼 수업을 찾아 듣고 부지런히 책을 읽는다. 어쩌면 배움은 한 생을 걸쳐 천천히 그리고 오래도록 진행되는 일인지도 모른다. 예술에 있어서는 특히 더. 아무도 알아주지 않고 봐주지 않더라도, 어느 시절의 내가 그랬듯 지금의 나도 내 눈에 아름다운 사람이 되는 일이 가장 중요하면 좋겠다. 그래서 매달 이렇게 사진에 대한 글을 쓰고, 편안한 집을 나와 멀리 강원도까지 가서 음악을 듣는다. 남은 생을 두고 계속해서 미美를, 예술을 소리 내어서 말하고 싶다. 쑥스러움을 무릅쓰고.

우리가 여행지를 기억하는 방식

보라보라 사람들

차 유리에 기대어 자고 있는데 주머니에서 진동이 울렸다. 가까스로 눈을 떴다. "잘 도착했냐." 언니에게 온 문자였다. "아니. 엄청 밀리네." 답을 보내고 느리게 몸을 일으켜서 고속도로를 보니 여전히 자동차들이 빼곡했다. 오후 두 시. 원래대로라면 속초에 도착하고도 남을 시간이었다. 두세 시간은 더 가야 한다고 홍인이가 말했다. 다시 진동이 울렸다. "그러게 왜 뮤직 페스티벌을 거기까지 간다고 난리. 지금 서울에서도 두 개나 함." 나는 잠시 대답을 못 하다 이내 의아해졌다. 그러게. 우리는 왜 그곳에 가는 걸까.

글·사진 **김태연**

아무도 바라보지 않는 것처럼 추는 춤은
어디서 배우나요?

명란젓의 알처럼 차로 꽉 찼던 고속도로를 벗어나 속초의 게스트하우스에 도착하자마자 차를 세워두고 택시를 잡아탔다. "칠성조선소로 가주세요." '칠성조선소 뮤직 페스티벌'은 음악을 사랑하는 사람들이 으쌰으쌰 해서 만든 작은 페스티벌로 고수들이 많이 올 거라고 미소가 말했다. 함께 온 미소와 홍인이 그리고 L만 봐도 그 말은 사실이었다. 하지만 나는 아니었다. 음악을 몰랐다.

이어폰을 꽂는 순간 모든 풍경을 특별하게 만들어주는 음악을 좋아하지 않을 수는 없을 것 같다. 다만 나는 뮤직 플랫폼을 켜고서도 뭘 듣고 싶은지 떠오르지가 않아서 결국 검색창을 열고 이렇게 써넣는 쪽이다. 청소할 때 듣기 좋은 음악, 공부할 때 듣기 좋은 음악, 심지어 우울할 때 듣기 좋은 음악까지. 내가 아는 건 취향을 가지려면 에너지가 필요하다는 점이고, 나는 그런 에너지가 늘 부족했다.

택시에서 내리니 멀지 않은 곳에서 음악 소리가 들려왔다. "저쪽인가?" 홍인이가 웃으며 말했다. "나 두근거려." 그 마음만은 분명하게 알 것 같았다. 종이 팔찌를 차고 안으로 들어갔다. 조선소라는 이름답게 호수를 바로 앞에 마주 보고 무대가 있었다. 친구들을 따라 무대 쪽으로 갔다. 가까워질수록 음악 소리가 커졌다. 몸이 다 울렸다. 노래하는 사람의 목소리에 윤기가 돌았다. 관객들은 저마다의 리듬으로 몸을 움직였다. 누구도 서로를 의식하지 않았다. 바람이 불어올 때마다 바다 냄새가 났다. 햇살도 공기도 바람도 사람들도 자유로웠고 또 자연스러웠다.

그 속에서 나만이 홀로 엉거주춤하게 움직이고 있었다. 춤을 추는 것도, 가만히 서 있는 것도 아니었다. 어색했다. 한번 신경 쓰이기 시작하니 자꾸만 더 어색해졌다. "춤추라, 아무도 바라보고 있지 않은 것처럼" 같은 구절이 갑자기 떠올라 나를 다그쳤지만, 역시 신경 쓰였다. 여기까지 와서 이런 걸 신경 쓰느라 시간을 낭비하고 있다는 사실에 또 신경 쓰였다.

그때 홍인이가 소리쳤다. "술 마실 사람?" 미소와 나는 동시에 손을 들었다. 술 마시는 손동작을 보고 L도 고개를 끄덕였다. 이미 모든 것이 나아진 기분이 들었다.

맥주를 마시고 나면
달라지는 것들

무대 오른쪽에 마련된 음식 부스로 갔다. 작은 나무 테이블과 캠핑 의자들이 놓여 있었다. 고수가 태국처럼 듬뿍 담겨 나온 음식들을 먼저 먹고, 샴페인을 마시고, 맥주를 마셨다. 그제야 호수 가까운 쪽에서는 사람들이 캠핑 의자나 돗자리를 가져와 느슨하게 공연을 보고 있다는 것을 알았다. 친구들은 다시 무대 쪽으로 돌아갔고, 나는 멀찍한 곳에 적당한 자리를 찾았다. 조선소였을 적, 배를 나르는 데 쓰였을 구조물에 자리가 있어 비스듬하게 기대어 앉았다. 편안했다. 무대에서 거리가 멀어졌는데 어쩐지 음악 소리는 더 선명하게 들렸다. 숨통이 트였다.

먼저 공연을 마친 밴드가 관객이 되어 여기저기 돌아다니는 모습이 눈에 띄었다. 수다를 떨고 웃고 어깨동무를 하고 다른 관객들과 사진을 찍어주고 있었다. 올해 막 시작된 아기자기한 페스티벌이라 그런지 밴드도 다른 곳에서보다 편해 보였다. 나도 모르게 시선이 계속 그 밴드를 따라가다가 한쪽에서 춤을 추고 있는 할머니, 할아버지들에게 붙잡혔다.

카우보이모자를 쓴 할아버지가 앞에 나와 양손으로 가위를 만들어 허공을 잘랐다. 할머니들은 한쪽 발만 들고 뛰었다가 비볐다가 또 총총총 뛰었다. 어르신들의 사이사이로 조그만 아이들이 뛰어다녔다. 할머니 한 분이 타조 흉내를 내며 춤을 추기 시작하자 다른 할머니들이 몸도 가누지 못하고 웃었다. 보고 있는 나도 웃음이 났다. 작은 질투와 커다란 부러움을 느꼈다. 이 장면이 책이라면 나는 밑줄을 죽죽 그으면서 읽었을 것이다.

훌쩍 비켜선 햇빛이 부드러워지기 시작했다. 나도 느슨해졌다. 고개를 까닥이며 몸을 양옆으로 조금씩 움직였다. 아직 몸짓에 가까웠지만 처음처럼 어색하지는 않았다. 미소가 맥주를 들고 달려왔다. 투명한 잔에 담긴 맥주가 찰랑거렸다. "언니 저기 할머니 할아버지 봤어?" 고개를 끄덕였다. 너무 좋다며 웃는 미소와 맥주, 사람들의 머리 위로 햇빛이 설득력 있게 쏟아졌다. 얼른 카메라를 들었다.

노래는
힘이 세다

금세 해가 졌다. 마실 수 있는 맥주는 모두 마셨다. 친구들이 내 옆자리와 무대 앞자리를 왔다 갔다 했다. 그녀들은 환호성을 지르며 춤을 추거나, 다음 무대가 준비되는 동안 음악 이야기를 나누며 쉬었다. 나는 모르는 노래가 많았다. 독일에서 온 L이 가사도 모를 음악을 나보다 더 잘 이해했다. 나는 그저 할 수 있는 한 가장 게으르게 앉아서 듣기만 했다. 그것만으로도 체력이 소모되었다. 하지만 음악은 힘이 셌다. 내 둔한 귀도 뚫어주는 카랑카랑한 노래가 들려 친구들에게 물어 검색을 했다. 그런 장르를 좋아한다는 것을 처음 알았다. 서른여섯에도 아직 스스로에 대해 알아갈 것이 남아 있다니. 취향을 늦게 발견하는 일도 썩 나쁘지는 않은 것 같다.
마지막 공연이 시작되자, 한 남자가 무대로 올라왔다. 귀에 익은 기타 소리를 내며 튜닝을 했다. 강산에였다. 아무리 나라도 앉아 있을 수가 없었다. 친구들과 뒤섞여 무대 앞으로 뛰어나갔다. 몇 곡의 노래가 지나가자, 영혼이 기억하는 멜로디가 나왔다. 중·고등학교 때 만 번도 더 들었을 노래.

후회하고 있다면 깨끗이 잊어버려
가위로 오려낸 것처럼
다 지난 일이야
후회하지 않는다면 소중하게 간직해

울컥 목이 메는 기분이었다. 알 수 없는 눈물. 얼른 닦아내며 옆을 보니 홍인이도 울고 있었다. 팔을 길게 뻗어 홍인이의 어깨를 감쌌다. 눈물이 계속 흘렀지만 닦지 않았다. 울도록 내버려 두었다. 모르는 사람들까지 함께 울먹이며 노래를 불렀다. 너라면 할 수 있을 거야. 할 수가 있어. 그게 바로 너야. 서울의 나였다면 낯 간지러워했을 위로의 말이 그곳에서는 따뜻하고 다정하고 담백하게 스며들었다.

그 밤에 몇 번의 앙코르가 나왔는지 벌써 기억나지 않는다. 그저 방방 뛰던 사실만이 생생하게 남아 있다. 노래하면서도 웃으면서도 소리 지르면서도 울면서도 뛰었다. 낮에 택시로 왔던 길을 걸어서 돌아가는 와중에도 자꾸만 뛰었다. 밤의 속초가 우리 곁을 성큼성큼 지나갔다. 갑자기 홍인이가 편의점에 들어가겠다고 했다. "왜?", "맥주.", "게스트하우스 바로 앞에도 편의점 있던데, 미리 사면 무겁잖아.", "아니 거기까지 가는 동안 마시려고." 홍인이의 말에 미소가 먼저 웃었다. 궁금해하는 L에게 통역을 해주다 나도 웃음이 터졌다. 달아오른 얼굴을 식혀주는 선선한 바닷바람을 맞으며 다시 거리로 나갔다. 시장에도 가고 골목도 들여다보며 잔뜩 한눈을 팔며 걸었다. 그때, 왜 우리가 서울을 떠나 거기까지 가야 했는지 어렴풋이 알아차렸는데 까먹었다. 하지만 뭐. 백명이 여행자가 있다면 백 개의 속초가 있을 테니. 다들 자신만의 이유를 발견할 거라 믿는다. (무책임) 내일이 일은 모르겠다

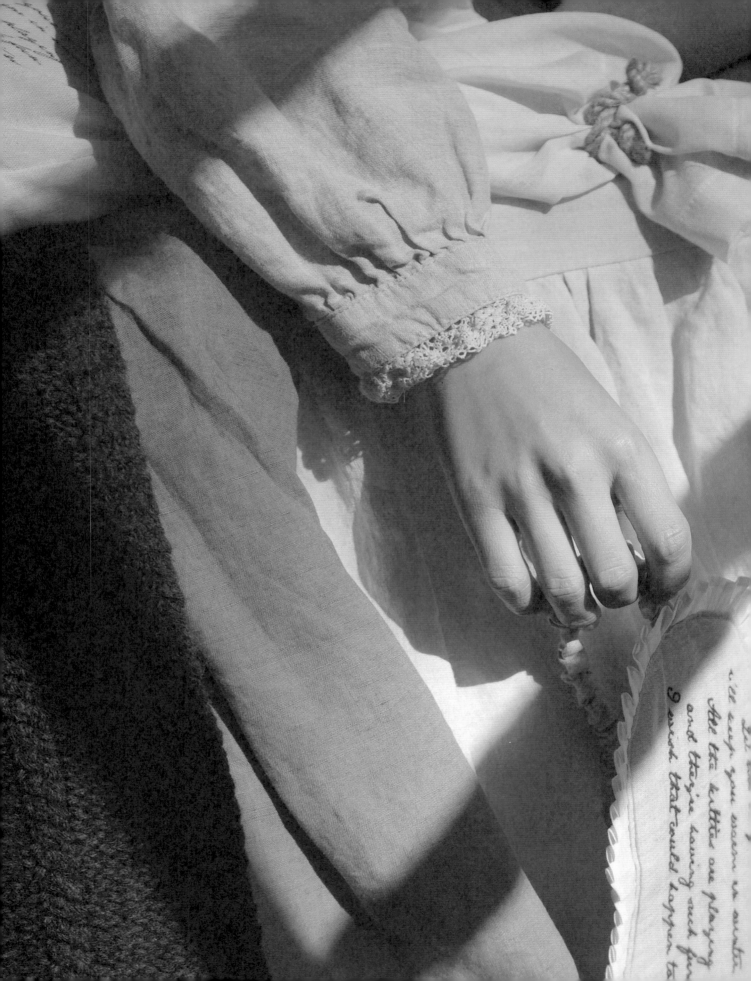

낯선 곳에 일상을 담다

여행을 익숙하게 만들어줄 몇 가지

여행지에서도 집 같은 편안함을 느끼고 싶다는 마음은 여러 여행자들이 공감할 만한 이야기다. 이국의 문화 속에서도 문득문득 향수에 잠긴다. 그래서 누군가는 타지에서도 익숙함을 누리기 위해 몇 가지 물건을 챙긴다. 나의 경우엔 치약과 수면안대, 잠옷, 발포비타민, 기분이 좋아지는 향, 마스크 팩 등이다. 여행 가방 한 켠은 항상 그들의 자리다.

에디터·포토그래퍼 정혜미

어디에서도 편하게 잠들 권리
잠옷과 수면안대

어디서도 머리만 대면 '꿀잠'을 자는 사람들이 부럽다. 까다롭게 굴리는 건 아니지만 혼자 호텔방을 쓰지 않는 이상 여럿이 자거나 잠자리가 바뀌면 잠을 쉽게 이루지 못한다. 누군가는 비상용 수면제를 가지고 다니기도 한다. 그런데 굳이 수면제를 먹고 싶진 않다. 몇 번의 여행과 출장 끝에 내가 선택한 방법은 내 몸에 익숙한 잠옷과 빛을 조금이라도 차단해줄 수면안대. 영화 〈인턴〉에는 앤 해서웨이와 로버트 드 니로가 함께 출장을 갔다가 호텔에서 어떤 소동이 생겨 모든 투숙객이 나이트가운을 입고 밖에 몰려 있는 장면이 나온다. 대부분 호텔 가운을 입고 있는데 로버트 드 니로는 자신이 가져온 나이트가운을 입고 있다. 그 모습이 퍽 멋있고 편안해 보였다.
사실 잠옷이란 옷을 따로 마련해 입게 된 것도, 여행시 별도의 잠옷을 챙겨 가게 된 지도 오래되지는 않았다. 원래 내 몸보다 조금 큰 사이즈의 티셔츠면 그만이었다. 그러다 파자마 세트를 갖게 되었다. 부드럽게 피부를 감싸주는 감촉이 아주 만족스러웠다. 그렇게 첫 잠옷을 경험하고 나니 어느새 다양한 패브릭의 잠옷을 검색하고 있었다. 잼머Jammer는 홈패브릭 브랜드다. 에이프런이나 매트, 키친웨어, 그리고 나이트웨어를 제작한다. 나이트웨어는 주로 100퍼센트 린넨으로 만들어지는데, 아주 추운 겨울을 제외하고는 사계절 내내 쾌적하게 밤을 보낼 수 있게 도와준다. 원피스나 통바지 형태의 제품이 많은데, 풍성하게 떨어지는 라인으로 누구나 편하게 착용할 수 있다.

잼머 린넨 제인 나이트드레스 | 18만3천원 | jammer.co.kr

©jammer.

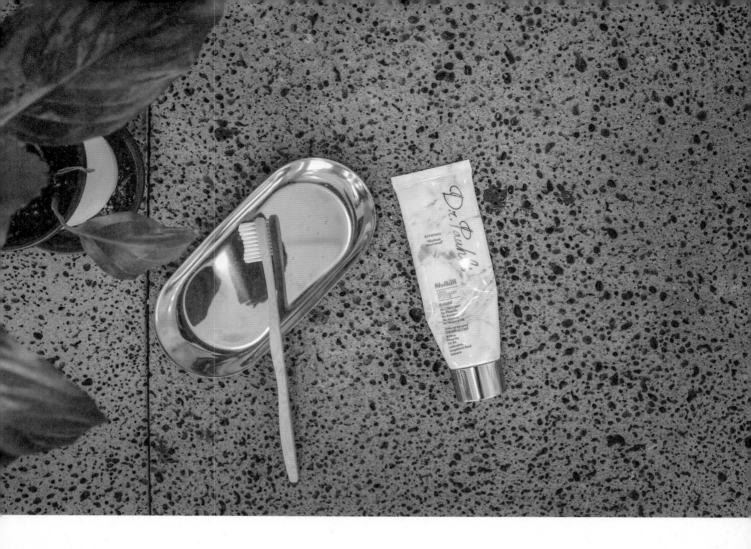

여운을 남기는 향
닥터폴스 치약

다 그런지는 몰라도 내 주변 사람들은 여행갈 때 반드시 본인의 치약을 챙긴다. 원래 쓰던 치약이 아니면 만족하지 못하는 사람들이 있고, 치약을 어메니티로 제공하지 않는 호텔도 꽤 많다. 샴푸나 바디샴푸는 현지 제품을 써도 상관없지만 치약만큼은 집에서 쓰던 걸 쓰고 싶다. 최근에 아주 만족스러운 치약을 알게 되었다. 이 치약을 써본 한 지인은 "매운맛 때문에 이를 잘 안 닦았는데, 이 치약 쓰고 나서 양치를 좋아하게 됐다니까."라고 평했다. 치약에서 밀크티 향이 난다니 신기하긴 하다.

닥터폴스Dr.Pauhls 치약은 치과 의사들이 모여 개발한 치약이다. 오랜 기간 연구를 통해 안전한 천연유래 성분의 배합으로 만들어졌는데, 파라벤, 타르색소, 폴리에틸렌글리콜, 광물성오일, 동물유래원료 등 유해 성분은 모두 배제하여 아이들도 안심하고 사용할 수 있다. 천연유래 성분 치약답게 맵거나 텁텁함은 없고 상쾌한 기운이 입안에 오래 남는다. 치약 튜브 패키지에는 올바른 양치 방법도 나와 있다. 닥터폴스 치약을 알게 되고 나서부터 회사에도 이 치약을 구비해두고 사용한다. 얼마 전의 출장에도 본래 가져가던 치약대신 닥터폴스 치약을 챙겼다. 치약에서 밀크티 향이나 유명 향수의 맛이 난다고 하니 처음엔 어색했고 '개운할까' 염려했는데, 달콤하고 부드러운 상쾌함이 오히려 사용할 때마다 기분을 좋게 했다. 그리고 오래도록 향이 입안에 남았다. 전문 제향사들이 제향한 닥터폴스만의 향이 이 치약을 특별하게 해준다. '바닐블랙티향Vanille Black Tea Flavor'은 홍차향에 바닐라향을 가미한 부드러운 맛이 난다(양치를 싫어하는 사람도 좋아하게 만들었다는 향이다). 상큼한 맛이 나는 '라임만다린향Lime Mandarin Flavor'과 시트러스함과 머스크향이 어우러지는 '패츌리머스크향Pachouli Musk Flavor' 등 몇 가지 라인이 있어 자신에게 맞는 향의 치약을 고를 수 있다.

닥터폴스 치약 | 2만 1천원 | curescript.co

편안한 심신을 위한
향과 오일

향은 사람에게 큰 영향을 끼친다. 사람은 향을 맡으면 자신도 모르게 기분이 변한다. 나 역시도 향에 민감하다. 향에 관련된 제품도 종종 사들인다. 주로 몸을 위한 향수나 바디미스트를 모았는데, 요즘의 관심분야는 방에 놓아둘 방향제나 스프레이다. 방에 들어갔을 때 달콤함이 섞인 숲과 나무 향이 나면 기분이 그렇게 좋다. 피로하거나 일이 잘 안 풀리고, 사람과의 관계가 불안정하여 컨디션이 저조한 날에도 그 향을 맡으면 다 별 것 아닌 것처럼 느껴진다. 그래서 집에 들어가고 싶어진다. 집은 정신적인 충전소가 되어야 하니까.

여러 방향제를 사용해봤고 인위적인 향 때문에 아쉬웠던 적도 많다. 이솝에는 향수 '마라케시'로 입문하게 되었다. 누군가 길거리에서 흘리고 간 향을 찾고 찾다가 발견한 제품이다. 억지로 만든 향수라기보다 자연의 냄새였다. 그렇게 이솝의 향에 신뢰를 갖던 중 '룸 스프레이'가 출시되었다. 뿌

려두면 몇 시간은 특정한 자연 속에 들어와있는 기분이다. 적어도 냄새만큼은. 호텔이나 숙소 같이 특유의 냄새가 나는 빌린 방에서도 이 평온한 공기를 잃고 싶지 않아 숙소를 떠나기 전이나 샤워를 하기 전 뿌려둔다. 지극히 개인적인 방식이지만 캐리어 속에서 찌든 옷에도 뿌려주면 다음 날 옷을 갈아입을 때 쾌적한 기분을 느낄 수 있다. 여행 파우치에 챙겨두는 제품이 또 하나 있다. '진저 플라이트 테라피'는 긴 비행시간에 지쳤을 때 목이나 귀 뒤, 손목 등에 바르면 정신이 맑아지고 상쾌해진다. 비행기 안에서 급하게 마시지를 받은 효과를 느낄 수 있다. 물론 평소 스트레스를 받을 때도 좋다.

이솝 룸 스프레이 & 진저 플라이트 테라피 | 각 6만4천원, 3만6천원 | aesop.com

물 한 잔의 생기
발포비타민

발포비타민의 효력을 믿게 된 건 5년 정도 되었다. 선물로 받은 것이 있었는데 뜯지도 않고 그대로 두던 상태였다. 그러다 목이 살살 아프고 몸살 기운이 생겨 급한 대로 아침저녁으로 한 알씩 물에 타 먹었는데 감기에 한 번 걸리면 최소 5일을 앓는 내가 별다른 증상 없이 몸살 기운이 사라진 것이다. 그 이후 떨어질 틈이 없이 구비해두는 유일한 비타민이다. 여행이나 출장을 가면 기력이 달리고 체력이 떨어지기 마련이다. 그래서 다른 상비약은 안 챙겨도 이 비타민은 꼭 가져간다. 아침에 일어나서 조식은 안 먹어도 이 비타민 한 잔은 마시려고 노력한다. 물에 떨어트려 마시기만 하면 되니 번거롭지도 않다. 비타민이 녹으며 탄산이 조금 생기는데 여행지를 돌아다니다 목마를 때 물에 하나씩 타 먹어도 좋다.

여러 브랜드의 제품을 먹어봤는데, DM발포비타민을 즐겨 먹는다. 세계적으로 안전하고 신뢰할 수 있다고 알려져 있는 독일 제품이다. 발포비타민은 비타민 성분 외에 탄산수소나트륨을 첨가하여 물에 넣어 녹였을 때 서로 반응하여 탄산이 발생한다. 탄산이 세포의 약물 흡수 공간을 확장시켜 비타민이 더 잘 흡수될 수 있게 하고 청량감도 느낄 수 있다. 그러니까 기존 알약 형태의 비타민제보다 훨씬 편리하고 효과가 좋은 것이다. 아무리 좋아도 하루에 1~2개 복용하는 것이 적당하다. 온라인을 통해 손쉽게 구할 수 있다.

DM발포비타민 | 약 1천6백원

여행지에서도 오롯이 '나'이고 싶다면
피부를 위한 제품

더운 휴양지에 가면 내리쬐는 햇빛으로 인해 피부가 익는다. 반대로 건조한 도시에선 피부가 속부터 갈라진다. 한국 기온에 익숙해진 우리 피부는 해외에서 예민해지기 일쑤다. 이렇게 되면 나 스스로 거울을 쳐다보기 싫어질 뿐만 아니라 따갑고 가려운 피부 때문에 신경이 쓰여 여행을 온전히 즐기지 못한다. 한번은 요코하마에 간 적이 있었는데, 항구도시치고 너무도 건조한 날씨 때문에 얼굴은 따갑고 입은 마르고 손은 건조해져 여행 내내 찝찝하고 불편했다. 그때부터 밤에 잘 때 편리하게 사용할 마스크팩이나 미스트, 편리하게 사용할 수 있는 세안 제품 등을 꼼꼼하게 챙긴다.

뷰디아니Beaudiani는 천연 원료를 사용해 가족이 모두 사용할 수 있는 화장품을 만든다. 뷰디아니의 아로마 마스크팩의 성분은 천연 에센스오일을 더불어 모든 원료가 자연으로부터 얻은 것이다. 그래서 피부 세포와 함께 작용해 피부 자체의 재생력을 증대시켜준다. 팩의 원단도 남다르다. 자체적으로 개발한 페이셜 마스크 원단인 '디어파인Diafine'은 3층 원단 구조로 수분과 영양을 가득 담고 있으며 초극세사로 짜여진 원단이 피부 자극을 최대한 줄여주고 밀착력은 높여준다. 사실 여행 시 가장 필요한 제품은 바로 클렌징패드다. 페이셜 클렌징 패드와 바디 클렌징 패드가 있는데, 파우치 안에 든 패드로 거품을 내서 닦아주기만 하면 끝이니 아주 편리하다. 무거운 폼클렌징과 클렌징오일, 바디샴푸를 따로 챙기지 않아도 돼서 가방도 가벼워진다. 여기에 여행용 사이즈의 미스트까지 챙기면 여행에서도 '나'로 남을 수 있다.

뷰디아니 마스크팩 4in1, 클렌징 패드 세트, 페이셜 미스트 세트
| 2만원, 3만원, 1만4천5백원 | beaudiani.com

일상을 치유하는
사소한 방법

———

Dr. Pauhls

닥터폴스

너무도 당연하게 삶에 녹아있어 바꾸지 못하는 습관 같은 것이
있다. 하지만 그 사소한 습관의 차이가 삶의 풍경을 바꿔줄지도
모른다. 이를테면, 냉수대신 정수를 마시거나, 매일 사용하는
제품을 바꿔보는 것. 몇 십 년을 맵고 화한 치약으로 입안을
자극해온 인생이다. 어쩌면 하루를 시작하는 의식과도 같은 행위를
굳이 인상을 찌푸려가며할 필요가 있을까. 닥터폴스는 오래도록
입안에 달콤한 여운을 남긴다.

만년필로 적는 시간

라미 LAMY

우리는 이제 무언가를 잘 적지 않게 된 건지도 모른다. 항상 곁에 있는 휴대폰에 메모를 남기면 그만이니까. 그럼에도 여전히 만년필이라는 소품은 그 자체로 클래식하고 고전적이며 멋있다. 단지 메모장에 무언가를 적는 것만으로도 그 단어나 문장은 전자기기에 남겨지는 것보다 힘을 갖는다. 라미LAMY로 오늘의 시간을 적어본다.

에디터 정혜미 포토그래퍼 김이경

출근 후 책상에 앉아 하루의 시작을 준비한다, 펜과 노트 그리고 커피 한 잔

룩스는 각각의 컬러로 코팅 처리된 아노다이징 알루미늄을 소재로 만들어져 더욱 견고함이 느껴진다. 거기에 캡과 클립도 동일하게
제작해 더욱 완성도를 높였다.

라미 룩스(Lx) 만년필 | 11만2천원

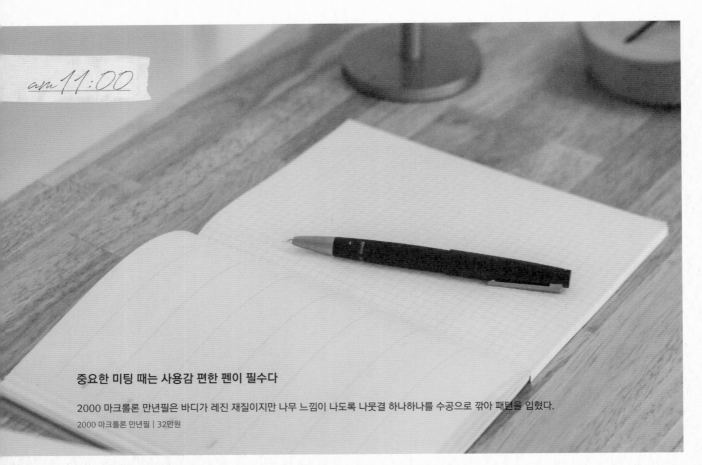

중요한 미팅 때는 사용감 편한 펜이 필수다

2000 마크롤론 만년필은 바디가 레진 재질이지만 나무 느낌이 나도록 나뭇결 하나하나를 수공으로 깎아 패턴을 입혔다.

2000 마크롤론 만년필 | 32만원

여유로운 오후에 엽서를 쓰다

피아노 건반에서 영감을 얻은 듯한 부드러운 광택과 깊은 색감으로 고급스러우면서 세련된 느낌이다.

다이얼로그 3 피아노 화이트 | 65만원

자기 전 읽는 책의 구절은 기억에 오래 남는다

라미 모던 라인에 새롭게 론칭되는 아이온Aion은 20세기 디자인의 아이콘이라 불리는 영국 유명 산업 디자이너 재스퍼 모리슨Jasper Morrison이 디자인했다. 그는 좋은 디자인은 심플함과 동시에 기능적이어야 한다는 철학을 가졌다. 아이온 역시 심플함이 잘 반영됐다. 바디와 캡이 하나로 이어지듯 매끈하며, 그립 부분은 매트하게 처리되어 재미를 더했다.

아이온 만년필 | 12만원, 아이온 수성펜 | 11만8천원, 아이온 볼펜 | 8만5천원

라미 스펙스 LAMY specs
| specs.lamy.com

라미에서 새로운 형태의 브랜드 매거진을 발행했다. 라미 스펙스LAMY specs는 브랜드 라미를 특별하고 독창적으로 만드는 모든 요소를 담고 있다. 라미의 브랜드 스토리와 디자이너 인터뷰, 전시 소식 등 국내에서 쉽게 접할 수 없는 라미의 다양한 문화 콘텐츠를 다루는 매거진이다. 2018년 3월 처음으로 발행된 Vol.1을 시작으로 연간 세 번 발행될 예정인 라미 스펙스는 타블로이드 형태의 매거진과 온라인으로 만나볼 수 있으며, 증강현실 어플리케이션으로도 제작이 되었다. 이 어플은 텍스트와 이미지, 영상뿐만 아니라 3D 애니메이션 등 독창적인 콘텐츠를 담고 있다. 라미 아이온을 주제로 하는 라미 스펙스 1호에는 디자이너 재스퍼 모리슨 인터뷰와 제조 공정 등에 관한 이야기를 소개한다.

HOW TO

1. LAMY specs 모바일 앱을 아이튠즈 앱스토어 또는 구글 플레이스토어에서 무료로 다운 받으세요. **2.** specs 이미지 위에 'scan' 표시를 찾아보세요. **3.** 앱을 열고 카메라가 실행되면, 해당 페이지를 화면에 꽉 차게 비춰주세요. **4.** 새로운 LAMY를 경험해보세요!

트루먼 쇼

굿 모닝.
굿 에프터눈.
굿 이브닝.
굿 나잇.

소란스럽던 자동차 안이 언젠가부터 조용해졌다. 마치 남의 인생을 사는 것처럼 낙천적이던 사람들이 조심스럽게 창밖을 내다보고 있었다.

글·그림 한승재

소란스럽던 자동차 안이 언젠가부터 조용해졌다. 마치 남의 인생을 사는 것처럼 낙천적이던 사람들이 조심스럽게 창밖을 내다보고 있었다. 불과 한 시간 전만 해도 하늘과 바다는 모두 푸른색이었다. 어딜 봐도 들뜬 사람들이 있었다. 그런데 어느새 풍경은 매우 건조한 색으로 변해 있었다. 문짝이 떨어진 채로 길가에 버려진 이동식 화장실 이후로 흥미로운 것을 보지 못한 지 오래였다. 그보다 한참 전부터, 우리는 길에서 사람을 보지 못했다. 철조망이 가로막은 해변과 필요 이상으로 잘 닦인 도로, 그리고 정확한 용도는 알 수 없지만 군사 시설인 것만은 확실해 보이는 무거운 덩어리들이 주변에 보이는 전부였다. 바닷가 주제에 이토록 무미건조한 모양을 하고 있다니! 우리 같은 여행자들에게 큰 실례가 되는 정도의 풍경이라고 생각했다.

멀리 표지판이 나타났다. "검문소 1km." 검문소를 넘어서면 민간인 통제 구역이다. 내 인생이 이렇게 뜬금없이 분단의 현실을 마주할 줄은 몰랐다. 아주 잠깐 적막이 흘렀고, 일행 중 한 명이 이제 흥미가 떨어졌다는 듯 그만 돌아가자고 말했다. 모두 그렇게 생각하는 것 같았다. 우리는 텅 빈 도로 한가운데에 차를 멈추고 서둘러 방향을 틀었다.

지난해 여름, 우리는 야생을 찾아 먼 여행을 떠났다. 우리에게 야생이란, 티브이에 나오는 것처럼 물속 깊은 곳에 들어가 작살로 물고기를 잡는, 그런 어마어마한 탐험을 의미하는 건 결코 아니었다. 좋은 자리에 돗자리를 펼 수 있는 곳, 맥주 광고가 새겨진 파라솔이 보이지 않는 곳. 즉 임자가 없는 자연스러운 바다를 찾고 싶었다. 우린 야생을 찾아 저 먼 곳에서부터 장소를 물색해나가기 시작했다. 포항에서 시작해 삼척, 동해, 강릉에 이르기까지…. 우리는 지도를 켜고 남들이 잘 모를 것 같은 해변만 찾아다녔다. 자기네 해변이 얼마나 예쁜지도 모르고 시큰둥하게 내버려둔 바다가 어딘가 있을 것만 같았다. 바다 좀 돌아다녀봤다는 누군가는 이렇게 말했다. 차라리 서울에서 임자 없는 땅을 찾아보라고. 우리는 보란 듯이 임자 없는 바다를 몇 군데 찾긴 했는데, 그곳에서 시간을 보내고 싶은 마음은 들지 않았다. 예를 들면 공장 앞에 썩어가는 뻘밭 같은 곳들.

"그러지 말고, 차라리, 고성에 가볼까?"

여행을 이렇게 끝내고 싶지 않은 누군가가 다음 장소를 제안했다.

"고성?"

"응. 만약 어딘가 임자 없는 바다가 있다면 그건 마지막 쪽에 있을 것 같은데?"

고성은 우리나라의 가장 북쪽인 강원도, 그중에서도 가장 북쪽에 위치한 도시다. 이 어리숙한 이론은 '극장에서 나의 팔걸이는 어느 쪽인가?' 하는 담론과 비슷했다. 극장에 앉은 모든 사람이 오른팔을 팔걸이에 올린다면 맨 왼쪽 팔걸이는 임자 없는 팔걸이가 된다. 저 아래쪽에서부터 모든 바다엔 다 임자가 있으니, 바다를 따라 북으로 올라가다 보면 결국 임자 없는 마지막 바다가 하나쯤 나오지 않을까 추측해보는 것이다. 이런 생각을 한 사람도 대단하지만, 이 이야기에 설득된 나머지도 정말 대단하다. 우리는 임자 없는 마지막 바다를 보기 위해 북쪽을 향해 차를 달렸다. 그렇게 정신없이 시작된 여정이 검문소를 만나면서 모두 끝나버렸지만 말이다. 계단인 줄 알고 허공에 발을 디딘 것처럼 우리는 휘청거렸다. '그럼 이제 어디로 갈까?' 우리는 테니스공을 빼앗긴 강아지처럼 아무것도 할 수 없는 신세가 되어버렸다.

민간인 신분으로 마주한 분단은 조금 더 차분하고 냉정한 느낌이었다. 군 시절에 겪은 분단은 오히려 더 장난스러웠고 거짓말 같았다. 조국의 분단은 나에게 쓸고 닦고 땅을 파는 일이었다. 그저 우리를 고생시키기 위해 분단을 유지하고 있는 게 아닌가 하는 생각을 했다. 어릴 적 나는 줄지어 지나가는 개미들을 발견하면 단순히 그 개미들을 고생시키려고 지나는 길을 모두 파헤쳐 놓았다. 영화 〈트루먼 쇼〉에서는 멀쩡한 사람이 우왕좌왕하는 모습을 보고 즐기기 위해 사람을 세트장 안에 가둬 놓았다. 고생시키려고 하는 것도 아니고 즐기려는 것도 아니라면, 도대체 여긴 왜 막아놓은 걸까?

내가 괴롭히던 개미는 어떤 상황에서도 아랑곳하지 않고 앞으로만 나아갔다. 큰 돌덩이를 옮겨와 개미가 가는 길을 막아보았지만 역시 마찬가지였다. 개미는 머뭇거리지 않고 돌덩이의 주변을 돌아서 앞으로 나아갔다. 혹시 물에 젖은 휴지나 나뭇가지가 개미를 멈추게 할 수 있을지도 몰라 개미가 다니는 길에 이것저것 떨어뜨려 보았다. 하지만 어떻게 해도 개미는 태엽 달린 장난감처럼 앞으로 나아가기만 할 뿐이었다.

검문소를 앞두고 되돌아오는 길에 개미를 떠올리게 된 건, 개미보다 용기가 없는 나 자신을 질책하기 위함은 아니었다. 우린 이미 몇 개의 강을 건너고 높은 산을 넘어 이곳에 온 사람들이다. 십여 개의 톨게이트를 하이패스도 아닌 현금으로 결제하고 여기까지 온 사람들이다. 그런 우리를 도로 한가운데서 멈추게 한 그 힘은 무엇이었을까? 나는 그것이 궁금한 것이었다. 그것은 역사의 힘이었을까? 아님 정치의 힘이었을까? 이념의 힘은 아직도 살아 있을까?

그 힘이 무엇인지는 모르겠지만, 어마어마하게 거대하다는 것만은 알 수 있었다. 너무 커다란 것은 절대 보이지 않는 법이니까. 개미가 나의 존재를 확인할 수 없던 것처럼 말이다.

영화 〈트루먼 쇼〉에서 트루먼은 세상의 끝에 다다라 문을 두드렸다. 하얀 벽이 열리고 트루먼은 자신의 세상을 향해 마지막 인사를 건넸다. "굿 모닝. 굿 애프터 눈. 굿 이브닝. 굿 나잇."

세상의 끝을 보는 것조차 두려워한 우리의 이야기는 이렇게 결말을 맺는다.

우리는 도망치듯 내려가다가 남한의 최북단 해수욕장이라는 곳에 차를 세웠다. 철문에는 백사장 개방 시간이 적혀 있었고, 목함지뢰를 조심하라는 경고 문구도 붙어 있었다. 우리는 그곳에서 짐을 풀었다. 파라솔을 만원에 빌리고, 아이스박스를 들고 다니는 아저씨에게 오천원을 주고 맥주를 샀다. 이곳에도 임자는 있었다. 다행히 파라솔에는 맥주 광고가 새겨져 있지 않았다는 점. 우리에게는 그것이 작은 위안이 되어주었다.

강원도의 어둠

평론가 부부의 책갈피

삶이 하나의 보자기라면 여행은 보자기를 이루는 조각들을
잇대는 바느질과 같다. 여행은 연결하고 삶은 펼쳐진다.

글 **김나영, 송종원**   사진 **이자연**

여행이라는 과제

여행을 뜻하는 영단어 'Travel'의 어원은 고통과 고난을 의미하는 'Travail'이라고 한다. 교통수단이 지금처럼 발달하기 이전에도 여행을 떠나는 자들이 있었다. 그들에게 떠남이란 단순히 어떤 목적지로의 이동을 의미하는 게 아니라, 그 과정에서 겪을 만한 숱한 고난과 고통을 감수하는 고행이기도 했으리라. 그럼에도 사람들로 하여금 끊임없이 여정을 꾸리고 집 밖으로 한 걸음 내딛게 할 정도로 여행에는 특별한 힘이 있다.

일상적인 장소를 벗어나 아름다운 풍경이나 쾌적한 환경을 찾아 떠나는 이들에게 여행은 무엇보다도 휴식을 위한 행위일 것이다. 흔히 사람은 관광 아니면 휴양을 목적으로 여행을 한다. 여행이야말로 숨 돌릴 틈 없는 일상을 벗어날 수 있는 유일한 방법이기 때문이다. 하지만 여행의 어원을 재차 따져 묻지 않아도, 여행 가방 귀퉁이에 어쩔 수 없이 챙겨 넣은 업무 서류와 노트북이 아니어도, 모든 여행에는 일종의 과제가 포함되어 있다. 모두가 '다시 돌아오기 위해' 떠나기 때문이다. 다시 돌아올 때는 떠날 때보다 조금이라도 나은 내가 되어 있기를 바라면서. 육체적으로나 정신적으로나, 일상을 재건할 힘을 여행에서 얻어 와야 한다. 아니 반대로, 여행에서 얻어 오는 것으로만 우리는 또 다시 일상을 재건할 수 있다. 다시 시작할 수 있는 힘의 충전, 그것이 무위의 휴양과 맹목의 유랑에서도 우리에게 주어진 과제다.

얼마 전 강원도의 산속에서 하룻밤을 묵은 적이 있다. 별 계획 없이 갑자기 떠난 여행이었다. 산속에 미술관이 있고, 산을 타고 흐르는 계곡 옆으로 드문드문 늘어선 똑같이 생긴 육면체의 숙소가 인상적인 곳이었다. 초봄이었고, 눈 덮인 얼음장 아래로 물 흐르는 소리가 제법 시원했다. 밤이 되자 말 그대로 칠흑 같은 어둠, 그 속에 세상의 모든 빛을 빨아들인 것만 같은 달이 떠 있었다. 그때 문득 생각했다. 고요함이란 아무 소리도 들리지 않는 상태가 아니라, 가장 크고 깊은 빛과 소리가 한데 고여 있는 듯한 느낌을 말하는 게 아닐까 하고. 시간이 멈춘 듯, 나 역시 한자리에 붙박인 채 앉아 한동안 그 고요의 일부가 되는 경험을 했다. 가장 선명한 채로 완전히 지워지는 경험. 그 경험을 통해 나는 여행의 의미를 조금 달리 생각하게 되었다. 시간을 재고 장소를 옮겨 다니며 음식을 맛보고 사진을 찍는 일에서 의미를 찾는 여행도 있겠으나, 그 모든 일상적인 행위에서 한순간 벗어날 때야말로 정말 여행을 하게 되는 거라고 말이다. 떠나온 곳을 잊지 않은 채로 그곳을 지워야만 마침내 다시 돌아갈 수 있기 때문이다.

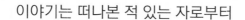

이야기는 떠나본 적 있는 자로부터

차 안에 앉아 우리는 각자 말없이 생각에 잠겨 있었다. 수확이 끝나 텅 빈 들판 위로 드문드문 민박집들이 서 있었다. 언뜻 바람에 휘청거리는 나무를 본 것 같은 착각이 일었다. 어떤 이유에서인지는 모르겠지만 나는 무엇인가가 끝나가고 있음을 느꼈다. 붙잡을 수 없는 무엇인가. 그러자 나는 별안간 지금까지 누구에게도 하지 못했던 말을 털어놓고 싶은 충동에 사로잡혔다. 언젠가부터 시시로 나를 갉아먹던 두려움에 대해서 말하고 싶은 충동. 무엇인가 가장 소중한 것, 가장 순결하고 깨끗했던 것이 산산이 조각나버린 것만 같아 소스라치게 놀라야 했던 시간들. 무정하고 불가해한 일로 가득한 것이 삶임을 깨닫고 순식간에 늙어버렸다고 느꼈던 계절들에 대해서. 그러나 나는 아무런 말도 꺼내지 않았다. 먼저 침묵을 깨뜨린 쪽은 민아였다.

– 백수린, 〈길 위의 친구들〉 중에서

스무 살 무렵, 대학 시절의 친구들. 그들과 여러 빛깔과 온도로 만들어갔을 우정을 오래 잊고 있다가 문득 그때를 떠올리고, 무엇인가를 뒤늦게 깨닫고 절절하게 후회해본 경험이 있는 자들에게라면 이 소설은 소설처럼 읽히지 않을 수도 있다. 이 소설은 대학 문학 동아리에서 만난 세 동기 간의 이야기다. 소설가가 되고 싶어 하는 송, 그저 책 읽기를 좋아하던 민아와 나는 같은 기수라는 것만으로 자연스레 친구가 된다. 하지만 오랜 시간이 지난 후 소설가로 등단한 사람은 나이고, 드문드문 드러나는 정황상 송은 많이 아프거나 그 밖의 사정으로 더 이상 만날 수 없는 상대가 되어버린다. 송은 친구들에게 이야기로만 남게 된 것이다. 이 소설의 핵심은 내가 소설가가 된 것을 알게 된 민아가 오랜만에 연락을 해와, 오래전 셋이 떠난 적 있던 곳으로 다시 여행을 가는 데 있다. 이들이 함께 떠난 여행은 이전 여행의 구멍을 메꾸는 데 목적이 있는 듯하지만, 결국 이 여정은 새로운 결락을 또한 만들어갈 뿐이다. 하지만 이들이 거듭 떠났다는 데 주목하자. 땅끝이라는 장소, 여기가 한자리에서 해가 지고 다시 뜨는 곳이라는 점은 특히나 소설가라는 단 하나의 목적지를 꿈꾸며 고달픈 삶을 견디던 송의 인생에 비추어 봤을 때, 희망과 절망이 매 한자리라는 식의 뻔한 해석이 가능한 지점이 되기도 한다. 하지만 이 소설의 제목이 암시하듯 끝내 '길 위의' 존재인 그들에게 그런 구체적인 장소에 깃든 의미는 부차적인 것일 뿐이다. 더 중요한 것은 그들이 이전에도 떠나본 적이 있었고, 지금 다시 떠나왔다는 점이다. 이들의 여행이 보여주는 것은 거듭 제자리로 돌아와 아무 일도 없었다는 듯 각자의 삶을 살아가더라도, 어떤 끝을 향해, 닿을 수 없는 어떤 지점을 향해 거듭 가보고자 시도한 적 있기에 이들은 각자 자기만의 이야기를 할 수 있게 되었다는 사실이다. 자기만의 이야기를 통해 송은, 나와 민아는 서로에게, 그리고 세상에 유일무이한 존재로 거듭난다. 민아는 송의 소설 속 한 구절을 확인하기 위해 다시 이국으로 떠날지도 모르고, 나는 계속해서 소설을 쓰게 될 것이다. 그렇게 살아가는 일과 떠나는 일과 다시 돌아오는 일은 끝 모르게 반복되며 긴 이야기로 어딘가에 기록될 것이다.

삶이 끔찍해져
얼굴이 마비되어 올 때

어느 해부터인가 얼굴 근육이 마음대로 움직이지 않는 걸 느낀다. 나는 웃는 표정을 짓고 싶은데, 웃고 있는 내 자신을 인식하는 순간 얼굴이 딱딱하게 굳어 어색해진다. 그럴 때가 제일 난감한 순간이다. 혹 상대방이 나의 경직된 얼굴을 알아챌까 마음이 쓰이는 순간, 얼굴은 더 말을 안 듣는 딴 세상이 되기 때문이다. 그럴 때면 시선을 돌려 부러 먼 곳을 본다. 애써 나를 지금 이 장소에서 이탈하도록 만드는 것이다.

얼마 전에는 누군가에게 인독人毒에 관한 이야기를 들었다. 독 중에서도 가장 무서운 게 인독이라고. 그 이야기를 들으며 내 얼굴의 경직 또한 오랜 시간 쌓인 인독 때문은 아닐까 하는 시답지 않은 생각을 해보기도 했다. 시답지 않다고 말했지만 나는 내심 아직도 나의 경직이 정말 인독 때문인 것 같다고 여긴다. 사람의 병을 낫게 하는 것 중 하나가 사람의 눈빛이라는 말도 있지 않던가. 아픈 사람을 진심으로 걱정하는 눈빛이야말로 어떤 약보다도 귀하다고. 그러므로 사람을 진정 아프게 할 수 있는 것 중 하나가 또 사람의 눈빛이지 않겠는가.

문득 튀어 일어나 / 아무에게고 전화를 걸고 싶네. / 아무 번호나 눌러 / 아아아아아 끔찍해요! / 그 목소리 외침일지, 속삭임일지 / 입을 열기도 지긋지긋해 / 짐승 같은 흐느낌일지.

- 황인숙, 〈저 거울은 빛나건만〉 중에서

나보다 세상을 몇 년 더 산 친구 중 하나는 '끔찍하지 않아?'라는 표현을 잘 쓴다. 가령 가족이라는 이름으로, 혹은 사랑이라는 이름으로 서로를 자신의 욕망의 테두리 안에 붙잡아 두려는 사람들의 삶이란 너무 끔찍하지 않아? 이런 식. 나는 그 말투가 상당히 문어적이라고 생각했었다. 삶이 괴롭긴 하지만 끔찍하다고 여긴 적은 별로 없었기 때문에 그렇게 생각했을 수도 있겠다. 그런데 조금씩 나이를 먹어가며 "짐승 같은 흐느낌" 같은 종류의 감정을 길을 걷다가, 또는 샤워를 하다가, 혹은 TV를 보다가 나도 모르게 알아버리고 말았다. 이쯤에서 삶이 그냥 중단되었으면 좋겠다고 느끼는 순간들에 대해 생각해보게 된 것이다.

무인 세계

외로움은 애인에게도 개그맨에게도 대통령에게도 있지만 / 인간이 없는 세상에는 어디에도 / 그런 건 처음부터 어디에도 // 감정을 과장하지 않아도 좋았다. / 오해를 오해로 남겨두어서 좋았다. / 아무도 경멸하지 않는 삶을 살아갔다.

– 이장욱, 〈무인 세계〉 중에서

속초에서 화진포까지 버스를 타고 달린 날이 있었다. 아는 사람이 하나도 없는 버스였다. 스무 살에서 서른 살로 넘어가는 시기 어느 쯤이었던 것으로 기억한다. 나는 그때 강원도가 참 좋았다. 그곳에서는 어디를 가든 아는 사람을 하나도 만나지 않을 것 같았다. 그게 그렇게 자유롭다는 생각이 들었는데, 나중에 생각해보니 그 자유로움은 어떤 감정으로부터의 해방감이었다. 좋을 것도 없고 싫을 것도 없었다. 외로울 것도 없고 기쁠 것도 없었다.

7번 국도는 바다를 곁에 두고 있는 것으로 유명하지만, 나에게 7번 국도는 어둠으로 더 인상 깊었다. 밤의 7번 국도는 그 어느 곳보다 깊은 밤을 보여주었다. 버스에서 내려 그 어둠 속으로 걸어 들어가면 내가 완전히 사라져버릴 것 같았다. 그곳에서 나는 아무에게도 전화 걸지 않았다. 걸려오는 전화도 받지 않았다. 그렇게 밤중의 몇 시간을 홀로 강원도의 어두운 밤 속을 지나자 나는 조금 단순하게 건강해지는 느낌을 받았다. 배가 고팠고 낡은 숙소 어디에선가 곯아떨어지고 싶었다.

나는 속초의 국밥집에서 배를 채우고 속초의 낯선 모텔에서 잠이 들었다. 내일이면 다시 서울로 돌아가야 한다는 사실이 어색할 정도로 나는 그곳의 기분에 깊게 빠져들었다. 사실은 돌아가고 싶지 않았는지도 모른다. 서울이 끔찍하다는 생각을 했는지도 모른다. 혹 속초가, 아니 강원도의 깊은 어둠이 나의 발목을 잡고 있었는지도.

거짓말처럼 까마득하게 잊고 있었다. 강원도를 이야기하겠다며 마음먹고 강원도를 생각하며 며칠이 지나서야 그날의 여행이 떠올랐다. 강원도 산골짜기보다 더 깊은 의식의 산골짜기가 나의 내부에 있다는 사실을 알았다. 나는 왜 그날들을 그렇게 감쪽같이 잊고 있었을까. 그러자 갑자기 사람을 무서워하는 삶의 얼굴이 그려졌다. 인독과 사람들의 힘겨운 시선을 피해 세상의 끝 어느 곳에 자신을 숨겨두고 있는 삶의 얼굴들을 상상했다. 아마도 많을 것이다. 강원도에는 그런 얼굴들이 숨어서 살 것 같다. 속초에도 있고 화진포에도 있고 아야진리에도 있겠지.

Muju honeysuckle basket

무주 인동초 바구니

가장 좋아하는, 아끼는 살림살이가 무어냐는 질문을 곧잘 받는다. 좋은 제품의 객관적 기준에 대해 생각하고 이야기할 기회도 종종 있다. 그럴 땐 자주 사용하는 것, 쓰임새가 좋고 아름다우며 시간이 갈수록 더 멋있어 지는 세간들을 우선 떠올린다. 조금 더 좁혀보면 출처를 잘 아는 것들을 고르게 된다. 재료의 태생, 담긴 사연, 만든 이의 마음을 안다는 건 촘촘한 이해와 믿음을 낳는다. 여기에 '이제는 구할 수 없게 되었다'는 조건이 더 해지면 좋아함은 애틋한 마음으로 깊어진다. 이 모두를 포개둔 자리에 나의 인동초 바구니와 채반이 있다.

글·사진 김희선

인동초 마을을
찾아서

몇 해 전 새해 벽두. 몇 시간의 운전 끝에 덕유산 자락 깊숙한 곳에 자리한 배방마을에 도착했다. 마을회관 문을 열자 지글지글 맛있는 냄새와 "막걸리 사 오나 싶어서 전 부치고 있었지!" 하며 반겨주시는 인사. (회관 입구에서 겨우 생각이 나 부랴부랴 사 온 막걸리 몇 병이 너무 다행스러워지는 순간이었다.) 어르신들에게 인사를 드리면서도 무전, 배추전을 부쳐 올린 큼직한 인동초 채반에 눈이 갔다. 우연히 본 배방마을에 대한 기사, 그리고 사진 속의 뽀얀 바구니가 자꾸 궁금해 져 무턱대고 연락을 드리고, "바구니 빚는 건 농사 끝난 뒤 한겨울의 일"이란 얘기에 입김이 하얘지는 계절을 기다려 방문한 이곳. 방금 부친 전을 넙죽 받아먹으며 동그란 바구니, 평평한 채반을 묵묵히 만들고 계신 할아버지들의 손동 작을 넋 놓고 보다가, 한쪽 구석에 놓인 복조리, 짚신, 미니어처 지게 등을 내어 보여주시는 쾌활한 어르신의 설명을 귀담아들었다. 봄과 여름에 걸쳐 주변 산야에 흐드러지게 자란 인동초 덩굴을 채취하고, 삶아서 껍질을 벗기고 다듬어 말리는 일의 수고로움은 직접 보지 않아도 알 수 있었다. 다들 고령이고, 아픈 데도 많고, 놀며 쉬기만 해도 남은 날이 많지 않다는 말씀에, 양껏 고른 채반과 바구니 값을 부르시는 대로 셈하면서도 왠지 죄송스러운 마음이 들었다. 그냥 하는 이야기가 아니었고, 이날의 반가운 만남과 발견이 사실 너무 늦은 것이었음을 알게 되기까지는 얼마 걸리지 않았 다. 이듬해 한 번 더 주문한 것을 끝으로 번번이 다리가, 허리가 아파서 넝쿨 채취 자체를 못 하고 계신단 말씀에 여러 종류의 속상함이 겹쳐졌다. 그리고 지금 간직하고 있는 바구니며 채반을 보물처럼 여기게 되었다.

자연과 사람이
함께 엮는 것

식사 준비를 할 때면 우선 채반을 꺼낸다. 그날그날의 재료를 깨끗이 씻어 올려두면 자연에서 온 먹거리의 아름다움에 절로 흐뭇해진다. 금방 먹을 채소나 과일은 바구니에 담아 부엌 한쪽에 보이게 두면 냉장고에 넣었을 때보다 잊지 않고 챙겨 먹을 수 있게 된다. 삶아 빤 행주를 착착 개어 바구니에 담아두는 것도 좋아하는 사용법 중 하나. 인동초는 적당한 탄력과 모난 곳 없이 둥근 단면을 지닌 자생 식물이다. 껍질을 벗기는 고단한 작업을 거쳐 드러나는 뽀얀 속살은 수없이 물에 적시고 말리길 거듭해도 변함없이 맑은 빛을 띤다. 라탄, 왕골, 대나무, 버드나무, 야자수 잎 등 바구니를 만드는 천연 소재는 많고 많지만, 식재료를 담기엔 인동초만 한 것이 없다고 여겨지는 까닭은 아마도 그 색과 형태와 질감이 지닌 깨끗하고 온화한 기운 때문일 것이다. 초여름 인동초 덩굴에는 어여쁜 흰색 꽃이 유유히 뻗어가는 줄기 마디마다 피어난다. 남쪽 지역에서는 겨울에도 잎이 떨어지지 않을 정도로 생명력이 강하다. 항균, 항염, 해열 작용을 지닌 약재로도 사용된다고 하니 필시 땅의 좋은 기운을 머금고 있을 것이다. 주변 산야에서 씩씩하게 자란 야생 인동초를 늦은 가을과 초겨울에 넝쿨 정리 겸 채취하고, 땅이 쉬는 겨울날 한곳에 모여 유용한 세간으로 거듭나게 하는 아름다운 사이클. 다양한 쓸모와 소탈한 정취에 거듭 감탄할수록 이 기막힌 순환이 이대로 영영 멈추는 것인지 아쉽고 또 아쉬워진다.

무주 인동초 바구니

바구니는 대부분의 문화권에 존재하는 생활 공예품이다. 사람들은 주변에서 구할 수 있는 재료를 날실과 씨실의 원리로 엮어 가벼우면서 튼튼하고, 유연한 형태를 지닌 보관과 운반 도구로 사용해왔다. 농업과 상업 전반, 일상생활 곳곳에서 빼놓을 수 없는 중요한 역할을 담당해왔지만 플라스틱 바구니의 등장으로 전통적 위빙 작업이 사라져가는 것 또한 세계적인 불가항력 중 하나다. 무주 배방마을의 인동초 바구니는 조금 더 한국적인 사연을 지니고 있다. 싸리나 댕댕이를 엮어 생활용품을 만드는 것은 지역의 보편적인 생활 기술로 존재해왔다. 90년대 말 군청에서 농가 소득 증대를 위해 인동초 바구니 만들기를 장려했고, 본격적으로 마을회관에 모여 공동 작업을 진행하면서 살뜰한 부업이자 자부심 담은 지역의 특산품으로 각광받게 되었다. 생명력 강한 인동초 덩굴처럼 마을에 활기가 넘치던 좋았던 시절도 농촌 고령화라는 큰 장벽을 넘지는 못했다. 오랜 전통을 자랑하는 공예품, 엄격한 기준으로 선별되는 장인의 작품은 아니지만 평생 쓸 분량을 쟁여놓고 싶을 만큼 좋은 생활용품이기에 어떤 방식으로든 명맥을 이어갈 수 있길 소망해본다.

At the unfamiliar heaven

낯선 천국에서

자신이 태어나서 자라고, 매일을 살아가는 장소를 이방인의 눈으로 보는 일이 과연 가능할까?
유디트 헤르만의 소설 〈차갑고도 푸른〉의 아이슬란드 여자는 그런 일을 경험하고, 짐 자무쉬의
영화 〈천국보다 낯선〉의 주인공들은 자신의 나라 미국의 이방인이 되어 미국 땅을 배회한다.

내가 요즘 지겹도록 떠들고 다니는 이름은 유디트 헤르만이다. 요즘 나의 책 추천 리스트에는 늘 유디트 헤르만의 책이 포함되어 있다. 독일 작가인 그녀는 몇 권의 소설을 펴냈는데 우리나라에 번역된 책들 중 대부분이 절판되었다. 슬픈 일이다. 하지만 딱 한 권, 《단지 유령일 뿐》이라는 책은 아직 구할 수 있다. 이 칼럼을 읽고 유디트 헤르만에게 관심이 생기셨다면 구할 수 있을 때 이 책을 샀으면 좋겠다. 정말 아름다운 책이다. 장담할 수 있다. 여러 번 거듭 읽어도 좋다. 이것 역시 장담할 수 있다.

그녀가 좋아하지 않는 것은 아이슬란드에 대해 얘기하는 것이다. 자제력을 잃어버릴 정도의 감동과 적절한 표현을 찾으려는 노력, 경치가 관광객들에게 끼칠 수 있는 심리적 효과. 그녀는 아이슬란드에 대해 말하길 원치 않고, 도대체 어떻게 여기 사는 걸 견뎌 내는지 설명하는 것도 싫어한다. 관광객들은 아이슬란드를 좋아하지만 살고 싶어 하지 않는다. 그들은 여기서 살 수 없고 요나나는 어떻게 이 태도를 이해해야 하는지 모른다. 관광객들이 그녀를 가만히 내버려 두면 그녀는 온순하게 그녀가 알고 있는 것을 그들에게 보여 준다. 관광객들에게 보류해 두는 것도 없고 숨겨 놓는 장소도 없다. 단지 동참할 수 없을 뿐이다. 그녀는 관광객들이 보는 것처럼 이 섬을 볼 수 없다. 감동할 수가 없다. 그런데 이레네와 요나스가 처음으로 그걸 바꾸어 놓았다.
                                                            – 유디트 헤르만, 〈차갑고도 푸른〉 중에서

유디트 헤르만의 작품집 《단지 유령일 뿐》에 실린 단편은 모두 여행에 관한 이야기다. 그녀는 늘 여행에 관해서, 여행하는 사람들에 관해서, 이동에 관해서 쓴다. 그중 〈차갑고도 푸른〉의 배경은 아이슬란드다. 눈과 불과 얼음의 땅. 아이슬란드 여자 요나나는 외국 관광객을 위한 가이드 일을 한다. 어린 딸

이 하나 있는데 아이 아빠가 떠난 후 남자친구인 마그누스와 셋이서 함께 살고 있다. 마그누스는 조용하고 침착하고 예의 바르지만 속을 알 수 없는 남자다. 요니나는 그런 마그누스를 사랑하면서도 종종 그와는 영원히 가까워질 수 없을 것 같은 불안감에 사로잡히곤 한다.
어느 날 마그누스가 베를린에 머물 때의 친구인 이레네가 아이슬란드에 온다. 얌전한 모범생 같은 이레네와 함께 등장한 요나스는 마그누스와는 정반대의 남자다. 열정적이고 감상적이며 머릿속에 떠오른 것을 모조리 바깥으로 표출하는 남자. 요니나와 마그누스, 이레네와 요나스. 네 사람은 며칠 동안 함께 시간을 보내는데, 그러는 동안 요니나는 점점 자신의 고향을 이레네와 요나스의 눈으로 바라보게 된다. 신비롭고 아름다운, 경탄이 절로 나오는 땅. 모든 것에서 가장 멀리 떨어진 땅.

이레네는 여행안내 책에서 읽은 내용을 들려준다. 기원전 325년에 아이슬란드를 묘사한 울티마 툴레, 가장 멀리 떨어진 북쪽에 대한 얘기다. "내가 여기서 바로 그렇게 느끼고 있어. 모든 것에서 떨어진, 가장 멀리 떨어진 땅." 그녀의 말에 "그러니 또 가장 가까운 곳이기도 하지."라고 요나스는 소리친다. 요나스는 이런 표현을 생전 처음 듣는데, 이 모든 것을 어떻게 받아들여야 할지 모른다. 그녀는 늘 그렇듯, 이런 것들이 우습고 유치하고 순진하다고 생각하지만 이레네와 요나스의 열광을 방해하고 싶은 마음은 없다. 그리고 이 열광은 사실 그녀의 마음을 움직이고 감동시키며, 잠시나마 그녀를 설득시키기도 한다. 처음으로 그녀는 연기에 휩싸인 화산과 물길이 치솟는 나라에 산다는 느낌이 든다. 모든 질문이 하나의 답으로, 해독할 수 없는 답으로 이어지는, 그런데도 그것으로 충분한 나라.
                                                            – 유디트 헤르만, 〈차갑고도 푸른〉 중에서

어느 순간 요니나는 요나스를 사랑하게 된다. 아주 자연스럽게 그렇게 되어버린다. 물론 그들 사이에는 아무 일도 일어나지 않는다. 요니나는 감정을 드러내지 않고 요나스는 요니나의 마음을 모른다. 그녀가 사랑에 빠진 것을 마그누스는 알고 있을까. 알면서도 모른 체하는 걸까. 이레네와 요나스가 독일로 돌아간 후에도 요니나는 여전히 그들을 기억한다. 1년이 지나 요니나는 더 이상 그들을 생각하지 않게 되지만 요니나와 마그누스의 사이에는 여전히 그들이 있다. 그들이 아이슬란드에 두고 간 모든 것들이.

아주 짧고 아름다웠던 낭만의 시간을 요니나가 잊어버린 것은 아니다. 그녀는 잊어버리지 않았고, 오히려 아주 똑똑히 기억해 원하기만 한다면 모든 것이 한꺼번에 떠오른다. 일주일 동안의 일 하나하나가. 요나스의 허리띠에 있던 소비에트 연방의 별, 왼손에 끼고 있던 이레네의 타원형의 월장석 반지, 성에가 낀 커다란 병에 담긴 탱자 맛이 나는 앱솔루트 보드카. 북쪽으로 향하는 순환 도로 어느 분식점에서 우유 대신 설탕을 넣은 마그누스의 커피, 함께 시간을 보낸 넷째 날의 일기 예보, 눈사람 두 명이 싸우는 것을 그린 어린 수녀의 그림, 그리고 요나스의 눈동자 색깔, 녹색, 진녹색, 동공 주위의 작고 노란 원. 그녀는 하나도 잊어버리지 않았다. 단지 더 이상 생각하지 않을 뿐이다. 그걸 생각하면 마음이 무거워지고 무기력해지기만 한다.

– 유디트 헤르만, 〈차갑고도 푸른〉 중에서

유디트 헤르만의 문장들은 모호하고, 무슨 말을 하는 건지 잘 모를 것 같기도 하다. 나는 거의 끊어지거나 나눠지지 않는 그 문장들을 음악을 듣는 기분으로 읽는다. 조금 어려운 재즈 연주곡을 들을 때의 기분과 비슷하다. 굳이 이해하려 하지 않는다. 그저 마음으로 느낀다. 리듬을 타고 조금 더, 조금 더 깊이 내려가 보려고 애쓴다. 내 안에 있는 검고 끈적한 무언가를 향해서. 어딘가 먼 곳, 어쩌면 아프리카 대륙에서 온 나의 유전자 조각을 향해서. 인간이 본질적으로 품을 수밖에 없는 외로움과 고통과 슬픔과 악한 것, 때로는 기쁨과 즐거움과 선한 것을 향해서. 욕망과 자제력을 향해서.
나는 지나치게 울적한 이야기는 좋아하지 않는다. 굳이 책을 읽으면서까지 마음이 어두워지고 싶지 않기 때문이다. 유디트 헤르만의 이야기는 어둡고 대책 없어 보이지만, 실은 숙명적인 어둠을 품고서도 안간힘을 써서 밝은 곳을 향해 나아가려는 이들의 이야기다. 그리고 나는 그런 이야기를 통해 구원을 받는 느낌이다. 그렇다. 좋은 이야기에는 언제나 '구원'이 있다.
그래서 헤르만의 책을 읽고 나면 머리는 가벼워지고 마음은 묵직해진다. 머리가 무거워지고 마음은 가벼워지거나, 머리도 가벼워지고 마음도 가벼워지거나, 머리도 묵직하고 마음도 무거워지는 이야기와는 다르다. 이렇게 훌륭한 작가가 여기에서는 왜 이렇게 인기가 없는지 잘 모르겠다. 아무리 못해도 최소한 내 책보다는 훨씬 더 많이 읽혀야 하는 책이다.

짐 자무쉬의 오래된 영화 〈천국보다 낯선〉을 오랜만에 다시 봤다. 뉴욕에서 도박이나 하며 세월을 보내는 젊은이 윌리의 집에 헝가리에서 온 사촌 에바가 도착한다. 윌리와 에바는 열을 정도 내키지 않는 동거를 하게 된다. 좋게 보면 쿨하고 나쁘게 보면 매사에 시큰둥한 윌리와 에바는 가까워질 듯 가까워지지 않는데, 곧 에바는 오하이오의 숙모네 집으로 떠난다. 그리고 1년 후, 사기 도박도 지겨워진 윌리는 친구 에디와 함께 에바를 만나러 오하이오로 간다.
햄버거 가게에서 일하던 에바는 그들을 반기지만 여기는 춥고 썰렁하고 할 일이라곤 없는 동네다. 윌리와 에디는 곧 플로리다로 떠나기로 결정한다.

따뜻한 날씨, 하얀 모래, 비키니를 입은 여자들, 아름다운 바다. 그들은 그런 것들을 기대하며 납치라도 하듯 에바를 데리고 간다. 하지만 플로리다 역시 오하이오만큼이나 황량한 곳이다. 심지어 그들이 묵는 싸구려 모텔에서는 바다도 보이지 않는다. 윌리와 에디는 도박을 하다가 가진 돈을 모조리 잃고, 혼자 방에서 그들을 기다리기도 짜증스러워진 에바는 모자를 쓰고 밖으로 나갔다가 낯선 남자한테서 느닷없이 돈 꾸러미를 받는다. 모자 때문에 사람을 착각한 것이다. 에바는 편지와 돈의 일부를 남기고 짐을 싸서 공항으로 떠나고 윌리와 에디는 그녀를 쫓아 달려간다.
다시 보니 밋밋하고 황당무계한 줄거리의 이 영화가 흥미로운 이유는 바로 '깊이 없음' 때문이라는 걸, 더 이상 젊지 않은 나는 깨닫는다. 이들의 삶에는 깊이가 없다. 윌리와 에디와 에바는 깊이 자체를 거부하는 것처럼 보인다. 시답지 않은 농담이나 주고받고 쿵푸 영화를 보고 담배를 태우고 밤새 TV를 쳐다본다. 청소도 설거지도 요리도 하지 않는다. 진지한 관계를 원하지도 않고, 열심히 일해서 돈을 모을 생각도 없고, 가족들의 일에 휘말리고 싶지도 않다. 그런 삶이 그들에게는 쿨한 것이니까. 그런 깊이 없는 삶이. 미국에 산 지 수십 년째인데도 헝가리 말만 하며 관절염에 걸려 절뚝거리는 할머니, 거리 한구석에 서서 벌벌 떨며 공장으로 가는 버스를 기다리는 화난 얼굴의 남자. 그것이 그들이 아는 바깥세상의 전부다. 그러니 깊이가 있어 봤자 뭐하겠는가. 그들은 미국 사회의 하층민이거나 이방인이고, 그들에게 허락된 삶은 진저리 치게 추운 겨울날 아침 공장으로 출근하거나 관절염에 걸린 채 늙어가는 일뿐일 텐데. 그렇다면 최대한 이 세상의 표면에서 살아가자. 호수 위에 언 얼음이 깨지지 않도록 가볍고 매끄럽게 스케이팅하는 것처럼. 어쩌면 그들은 그렇게 결심한 것인지도 모른다.
흑백으로 촬영한 이 영화 속 미국의 풍경은 마치 프레스기로 납작하게 누른 것처럼 밋밋하다. 색이 없으니 세상도 활기와 생기를 잃은 듯하고, 그저 이상할 정도로 좁고 썰렁하고 춥게만 느껴진다. 이런 풍경이 바로 윌리와 에디와 에바의 눈에 비친 미국일 것이다. 태어나고 자라고 살아가는 땅인데도 영원히 이방인이라는 느낌이 들게 하는 낯선 땅. 천국보다 낯선 땅.

그의 진짜 표정은 열려 있지 않다. 하지만 그는 친절하다. 얼굴은 좁고 사내아이 같으며, 윤곽이 또렷하고 아름답고, 그 어떤 것도 눈에 거슬리지 않는다. 어쩌면 입이 조금 어린애 같고, 안경 뒤에 있는 눈은 아주 작고, 자주 눈살을 찌푸리고, 눈빛은 텅 비어 있으며 주의 깊지 않다. 단지 가끔 그의 얼굴이 보기보다 차갑고, 공격적이며, 권위적이고, 단호하고 냉정해 보이는데, 그가 물에서 나오거나 잠을 잘 때 그걸 볼 수 있지만, 솔직히 그가 이 냉정함을 감추고 싶어 하는지 어떤지는 알 수 없다. 그 차가움에 그녀가 거부감을 갖는 건 아니다. 그렇다고 끌리는 것도 아니다. 그것은 낯선 사람의 차가움, 어쩌면 수천 년 동안 같이 지낼 수 있지만, 끝내 속내는 알 수 없는 그런 차가움이다. 얼음같이 차가운 사실, 차갑고도 푸른 사실. 이레네는 아이슬란드의 이 관용구를 아주 좋아했다.

– 유디트 헤르만, 〈차갑고도 푸른〉 중에서

유디트 헤르만의 이야기에는 늘 장소가 중요하다. 그녀는 아는 것 같다. 인간과 그가 서 있는 장소는 연결되어 있다는 것을. 〈차갑고도 푸른〉은 사랑하는 이가 있는 한 여자가 다른 남자를 그리워하면서도, 지금 곁에 있는 남자를 여전히 사랑하고 또 그에게 낯선 감정을 느끼는 이야기다. 동시에 그것은 아이슬란드를 배경으로 한 이야기다. 그녀의 땅, 아이슬란드. 아이슬란드가 아니었다면 이 이야기는 완전히 다른 이야기가 되었을 것이다.

단지 유령일 뿐
유디트 헤르만 | 민음사

여행 이야기로 이루어진 일곱 편의 단편 소설을 묶어 기이하고 흥미로운 이야기를 드러낸다. 정확한 단어를 사용하지 않아도 감정의 흐름을 그대로 담은 일화들이다. 〈차갑고도 푸른〉을 통해 아이슬란드 특유의 분위기를 잘 느낄 수 있다.

천국보다 낯선
짐 자무쉬 | 1984

뉴욕 빈민가에 사는 윌리에게 어느 날 사촌 에바가 찾아온다. 처음엔 그녀를 불편해하지만 그녀가 떠날 즈음, 아쉬움을 숨길 수 없다. 1년 후 친구 에디와 함께 에바를 만나기 위해 무작정 떠나고, 그를 기다리는 것은 형언하기 힘든 어떤 감정이다.

HELLO, PEERS!

문맹
아고타 크리스토프 | 한겨레출판사

"우리는 숲을 걷는다. 오랫동안. 너무 오랫동안." 아고타 크리스토프의 문장을 오래 읽는다. 읽고, 멈추고, 되새겨 다시 읽는다. 단순한 단어와 문장으로 이뤄진 그녀의 자전적인 글 속에는 가난과 풍요, 적군과 아군, 모국어를 기억하는 이와 문맹이 되어버린 사람, 그 피할 수 없는 역사의 아이러니가 고스란히 녹아있다.

H. hanibook.co.kr

고양이
베르나르 베르베르 | 열린책들

파리의 암고양이가 바스테트의 눈으로 인간의 문명은 어떻게 보일까. 내전으로 황폐화된 도시, 전쟁의 틈새에서 살아남으려 고군분투하는 인간에게 고양이가 남긴 말을 곱씹는다. 이야기 끝에 인간이 지구에서 차지할 수 있는 적절한 위치를 끊임없이 고민하게 된다.

H. openbooks.co.k

시간을 멈추는 법
매트 헤이그 | 북폴리오

톰 해저드는 다소 위험한 비밀을 감추고 있다. 평범한 40대 초반으로 보이지만, 실은 성장 속도가 보통 사람보다 15배나 느린 희귀한 신체 조건으로 수 세기를 넘도록 생존해온 것이다. 시대가 변해도 변하지 않는 인간의 모습을 관찰해 나가는 재미가 있다.

H. facebook.com/bookfolio

버스데이 걸
무라카미 하루키 | 비채

독일의 유명한 일러스트레이터 카드 멘시크의 그림과 함께 하는 '소설x아트' 프로젝트 단편작이다. 정갈한 문체와 더불어 울림이 있는 주제로 일본 중학교 3학년 국어 교과서에 수록되기도 했다. 빨강, 주황, 핑크, 강렬한 세 가지 색을 주조색으로 삼은 일러스트도 인상적이다.

H. facebook.com/vichebook

국경의 남쪽
두산아트센터 연강홀

운명적인 첫사랑을 아름답게 키워가던 선호와 연화는 갑작스러운 탈북으로 헤어지고 만다. 다시 만날 날을 위해 하루하루 버텨가지만 분단의 아픔이 사랑의 빈틈으로 스며든다. 순수한 사랑 너머의 있는 것이 무언지 보게 된다.

A. 서울시 종로구 종로33길 15
H. doosanartcenter.com
T. 02 708 5001
O. 2018년 6월 29일 ~ 7월 15일

알렉스 카츠, 아름다운 그대에게
롯데뮤지엄

살아있는 현대미술의 거장 알렉스 카츠의 아시아 최초 대형 전시를 진행한다. 도시의 일상적 인물과 그 삶을 독창적인 방식으로 우아하고 아름답게 표현한다. 인물의 아름다움을 생각할 수 있는 대형 회화도 볼 수 있다.

A. 서울시 송파구 올림픽로 300 7층
H. lottemuseum.com
T. 02 1544 7744
O. 2018년 7월 23일까지

피가로의 결혼
롯데콘서트홀

모차르트 희극 오페라 〈피가로의 결혼〉은 18세기 바로크를 생생하게 느낄 수 있는 수준 높은 연주로 관객을 사로잡는다. 귀속사회를 신랄하게 비판하는 내용으로 초연 당시 오페라가 중지되는 해프닝이 있었던 것은 재미있는 비하인드 스토리다.

A. 서울시 송파구 올림픽로 300 8층
H. lotteconcerthall.com
T. 1544 7744
O. 2018년 7월 6일 ~ 7월 7일

쉬어매드니스
대학로 콘텐츠박스

왕년에 잘 나가던 유명 피아니스트 바이엘 하는 어느 날 살해된다. 손님으로 가장해 잠복하고 있던 형사들은 미용실에 있던 사람들을 용의자로 지목한다. 범인은 바로 여기, 미용실 안에 있다. 스릴 넘치는 유쾌한 추리가 펼쳐진다.

A. 서울시 종로구 동숭길 55 대학빌딩 B1
H. kontentz.kr
T. 02 747 2232
O. 2018년 6월 30일까지

허쉘 서플라이 서울점   서울 용산구 이태원로 154   02 792 4628

강원도의 그곳

위도상으로는 북위 37도 02분에서 38도 37분에 걸치고 경도상으로는 동경 127도 05분에서 129도 22분에 걸쳐 있다. 총면적은 2만569제곱킬로미터. 행정구역으로는 7개의 시, 11개의 군을 포함한 도. 강릉과 속초와 춘천으로 다 말하지 못한 강원도의 그곳들.

알펜시아 스키점프대, 평창 | 발행인 **송원준**
여름에 스키점프대를 찾아가면 선수들이 점프하는 곳까지 올라가 관람을 할 수 있다. 예능 프로에서 보이는, 스키점프대에 올라간 후 공포에 떠는 연예인들의 모습이 진짜일까 궁금했었는데, 직접 올라가 보니 관람만으로도 충분히 공포스러웠다. 유리나 안전바 없이 펼쳐지는 풍경은 동시에 감동을 준다.

7번 국도 | 편집장 **김이경**
부산에서 시작해 경상도, 강원도를 지나 휴전선까지 가는 길. 주문진, 낙산사 등 한 번쯤 들릴 만한 곳이 쭉 이어져 있다. 이 길을 길게 시간을 두고 천천히 여행해보고 싶다.

서피비치, 양양 | 마케터 **조수진**
바닷소리와 선선한 바람과 시원한 술과 흥겨운 노래가 있는 곳. 그곳은 천국이었다.

행구수변공원, 원주 | 마케터 **신규헌**
원주 행구수변공원에서 오후 6시 30분경 노을 지는 걸 보며, 검정치마의 [TEAM BABY] 앨범을 듣고 싶다. 호수 근처에서 산책도 하고, 잔디에 누워 하늘도 멍하니 보다가 중앙시장 가서 설탕 가득 묻힌 꽈배기로 하루를 마무리하면 완벽한 코스일 듯!

동강과 별마로천문대, 영월 | 에디터 **김건태**
장마가 시작될 무렵이면 영월 동강에 간다. 고무보트에 몸을 맡기고 불어난 강과 함께 흐르다 보면, 라오스 방비엥에 비견할 만한 멋진 석회암 지형이 나타난다. 한참을 수영하다가 강변 매점에서 막걸리도 한 잔 마신다. 물놀이를 마친 다음에는 친구들과 함께 하는 삼겹살과 소주. 생각만 해도 소름 돋는다. 그중 하이라이트는 구불구불 산길을 올라 닿는 별마로천문대다. 날이 흐리면 흐린 대로, 비가 내리면 내리는 대로, 산 아래 반짝이는 반딧불(실은 도시의 불빛)을 보고 있자면 문득 '나도 참 괜찮은 삶을 살고 있구나.' 생각하게 된다.

정동진, 강릉 | 에디터 **이자연**
밤 기차 타고 정동진에 가서 꾸벅꾸벅 졸다가 해 뜨는 모습을 보면 없던 힘도 솟아난다. 해를 낳은 것은 하늘인가, 바다인가 생각하면서 회 한 사발 하는 것도 최고!

홍천강, 홍천 | 에디터 **정혜미**
어릴 적부터 부모님을 따라 여행을 많이 다녔다. 서울에서 가까운 지역부터 여섯 시간을 달려야 도착하는 도시까지. 그 기억들은 항상 따뜻하다. 홍천강은 두 시간 정도면 갈 수 있어서 외가 친척들과도 자주 놀러 갔다. 어른들은 텐트 속에서 낮잠을 자고 우리는 얕은 물에서 튜브를 타고 놀았다. 한참 물놀이를 하고 나오면 엄마들이 라면이나 빵, 우유, 과자 같은 것을 챙겨줬다. 그때는 그게 어찌나 맛있었는지. 그때의 라면 맛은 앞으로도 경험하지 못할 거다.

원대리 자작나무 숲, 인제 | 에디터 **김혜원**
연극 〈렛미인〉을 좋아한다. 동명의 영화를 연극으로 만든 것인데, 무대와 연출과 음악과 배우, 모든 게 좋아 개막 당시 여러 번 보았다. 이 연극의 무대는 특별할 것 없이 특별하다. 눈 내린 자작나무 숲이 배경이다. 그곳이 수영장도 되고 방도 된다. 이 연극을 언제 다시 볼 수 있을지 기약 없어, 대신 눈 오는 날 인제에 있다는 자작나무 숲을 찾아가 보려고 한다. 그 숲에 서서 연극의 음악인 올라퍼 아르날즈의 차가운 노래들을 들어야지.

무릉계곡, 동해 | 디자이너 **윤원정**
따뜻한 햇빛이 나무 사이사이로 들어오는 계곡의 그늘 아래에 앉아 있다. 발 아래는 시원한 물이 흐르고 방금 찐 옥수수가 손에 들려있다면 나는 아마도 행복을 느낄 것이다. 무릉도원이 그런 곳일까? 강원도 동해시에 '무릉계곡'이 있다고 한다. 상상한 모습이 아닐지 몰라도 그곳엔 분명 행복이 있을 것이다.

뮤지엄 산, 원주 | 디자이너 **최인애**
회사에 들어오고 나서 첫 워크숍 겸 소풍을 뮤지엄 산으로 갔다. 안도 다다오가 건축한 곳으로 유명한데, 특히 제임스 터렐의 전시가 인상적이었다. 전시실의 모든 것이 예술적이었고, 온몸으로 그 공간을 느끼고 나면 작품이 시각과 촉각, 후각으로 내 몸에 남는다.

SIGMA

촬영 : 코레체 | 조리개 : F1.4 | ISO : 100 | 셔터 스피드 : 1/8000 | 초점거리 : 105mm

Art F1.4 시리즈 중
최장 초점거리의 '보케 마스터' 등장

(A) Art

105mm F1.4 DG HSM

케이스, 커버 렌즈 캡(LH-1113-01) 포함.

photo & culture
SΛEKI P&C
Since 1977

대한민국 사진·영상장비 대표기업 www.saeki.co.kr

본사_서울시 중구 수표로 22-12 세기빌딩 T.02.3668-3114(代) | F.02.742-3387 **세기 브랜드샵**_T.02.3668-3109,3181 | F.02.2279-0887
영업본부_T.02.3668-3120 | F.02.745-9476 **카메라부**_T.02.3668-3127 **AS안내/고객지원팀**_T.02.2267-8335~6 | F.02.2267-8538

VOL.01 VOL.02 VOL.03 VOL.04 VOL.05 VOL.06 VOL.07 VOL.08 VOL.09 VOL.10
VOL.11 VOL.12 VOL.13 VOL.14 VOL.15 VOL.16 VOL.17 VOL.18 VOL.19 VOL.20
VOL.21 VOL.22 VOL.23 VOL.24 VOL.25 VOL.26 VOL.27 VOL.28 VOL.29 VOL.30
VOL.31 VOL.32 VOL.33 VOL.34 VOL.35 VOL.36 VOL.37 VOL.38 VOL.39 VOL.40
VOL.41 VOL.42 VOL.43 VOL.44 VOL.45 VOL.46 VOL.47 VOL.48 VOL.49 VOL.50
VOL.51 VOL.52 VOL.53 VOL.54 VOL.55 VOL.56 VOL.57 VOL.58 VOL.59

정기구독 안내

어라운드는 월간지로 발행됩니다.
정기구독 신청자에게는 할인 혜택과 함께
매달 배지를 선물로 드립니다.

1년 정기구독 총 11권(7·8월 합본호)
148,500원(10%할인!)
aroundstore.kr

광고문의 ad@a-round.kr | 070 8650 6378
구독문의 magazine@a-round.kr | 070 8650 6375
기타문의 around@a-round.kr | 070 8650 6378
어라운드빌리지 around@a-round.kr | 070 8638 6214

MAGAZINE a-round.kr
STORE aroundstore.kr
INSTAGRAM instagram.com/aroundmagazine
instagram.com/aroundmagazine.eng
FACEBOOK facebook.com/around.play
FILM vimeo.com/around